ANALECTA ROMANICA

HERAUSGEGEBEN VON FRITZ SCHALK

unter Mitwirkung von Horst Baader (Köln), Yvon Belaval (Paris),
Herbert Dieckmann (Ithaca), Hugo Friedrich (Freiburg), Wido Hempel,
(Hamburg) und Erich Loos (Berlin).

Heft 37

VITTORIO KLOSTERMANN · FRANKFURT AM MAIN

MARIANNE BEYERLE

„MADAME BOVARY"
ALS ROMAN DER VERSUCHUNG

VITTORIO KLOSTERMANN · FRANKFURT AM MAIN

CIP-Kurztitelaufnahme der Deutschen Bibliothek

Beyerle, Marianne
„Madame Bovary" als Roman der Versuchung.
(Analecta Romanica; H. 37) ISBN 3-465-01110-4

© Vittorio Klostermann Frankfurt am Main 1975
Alle Rechte, auch das der Übersetzung vorbehalten
Druck: Beltz Offsetdruck, Hemsbach
Printed in Germany

INHALT

Auch die Kultur, die alle Welt beleckt
Hat auf den Teufel sich erstreckt . . .
Wo siehst du Hörner, Schweif und Klauen?

EINLEITUNG

Seinen eigenwilligen Artikel über 'Madame Bovary' beschließt Baudelaire mit der Versicherung, daß es ihm ein Leichtes wäre, zwischen
dem soeben gepriesenen Roman und der 'Tentation de saint Antoine'
"des équations et des correspondances" herzustellen[1]; er nennt den
Flaubertschen Heiligen eine Bovary "tentée par tous les démons de
l'illusion, de l'hérésie, par toutes les lubricités de la matière
environnante". Doch führt er diese Feststellungen - mit denen er die
Aufmerksamkeit von dem berühmt-berüchtigten Roman auf das verkannte
lyrisch-dramatische Spiel lenken möchte, das für Dichter und Philo-
sophen viel interessanter sei - nicht weiter aus, sondern endet mit
dem Wunsch, sich ein andermal darüber zu verbreiten: "Peut-être aurai-
je un autre jour le plaisir d'accomplir cette besogne"[2].

In nicht unähnlicher Weise schließt neuerdings Victor Brombert,
der Baudelaires Zeilen zu den "most spirited pages written on 'Madame
Bovary'" zählt[3], sein Kapitel über Flauberts Provinzroman. Nach einer
Betrachtung des Werks unter mannigfaltigen Gesichtspunkten und unter
Berücksichtigung der verschiedenartigsten Deutungen (von Sainte-Beuve,
Baudelaire, Valéry bis Sartre und Poulet) kommt er, ein wenig unvermittelt allerdings, zu der Schlußfolgerung: "Much of Flaubert's work
centers indeed on the theme of 'temptation': far from being the anti-
dote of the first 'Tentation de saint Antoine', 'Madame Bovary' as-
similates some of its basic substance"[4].

Wieder erfährt man nichts Genaueres. Und nur dadurch, daß hin und
wieder die Verwandtschaft Emma Bovarys mit ihrem Schöpfer hervorgehoben wird (vornehmlich im Bereich des Gefühls, der Nerven), ist der
Zusammenhang zwischen Roman und Drama allenfalls nachvollziehbar -
auf dem Umweg über den Autor.

Beide, Baudelaire und Brombert, stehen mit guten Gründen im Lager
der "Madame Bovary, c'est moi" - Anhänger und wehren sich gegen die
anderen, die, oft von einem fragwürdigen Realismusbegriff ausgehend,
Flauberts antiromantische Haltung, seine 'impassibilité' allzu gläu-
big herausstreichen, Sainte-Beuves Wort vom "scalpel"[5] zitieren und
sich dabei auch auf den Meister selbst berufen können: "rien dans ce
livre n'est tiré de moi", schreibt er, und: "Ce sera diamétralement
l'antipode de 'Saint Antoine'"[6].

Zu denen, die in Flauberts vielbewundertem Modell eines realistischen Romans den von der Romantik geprägten jugendlichen Dichter
deutlich wiedererkennen, gehört G.L. Pinette, der Verfasser eines
knapp sechs Seiten langen Aufsatzes über "Das Thema der Versuchung in
'Madame Bovary'"[7]. Jenes "theme of temptation", mit dem sich Brombert,
an Baudelaire anknüpfend, ebenso schwungvoll wie unverbindlich vom
Leser verabschiedet, steht nun auf höchst verblüffende Weise im Mittelpunkt der Analyse. Es wird hier nämlich behauptet, daß die Heldin
nicht nur in Versuchung geführt wird, sondern daß sie es mit dem
leibhaftigen Versucher selbst zu tun hat, der, obgleich über hundert
Jahre von niemandem bemerkt, in den "moeurs de province" sein Unwesen
treibt. In 'Madame Bovary', seit Thibaudet als eine Art französischer
'Faust' angesehen, gibt es auch einen Mephisto: er habe seine mittelalterlichen Merkmale abgestreift und sei in die Gestalt des krieche-
rischen Wucherers Lheureux geschlüpft, um Emmas Fall und Untergang zu
betreiben. Die wichtigsten Sätze dieser Arbeit seien wörtlich zitiert:

Gewisse Parallelen zwischen Goethes Faust und Flauberts Werken
sind des öfteren beschrieben worden, doch beschränken sich diese Feststellungen auf den Stil oder die philosophische Grundlage der Werke
(....). Indessen gehen die Beziehungen zwischen Goethes Faust und der
romantischen Dichtung einerseits und Flauberts Madame Bovary andererseits bedeutend weiter.

Die Grundstimmung des Romans wird von Emma Bovarys Rebellion gegen
die Monotonie ihres Daseins bestimmt (....). Diese dramatische Spannung, die Madame Bovary nicht überwinden kann und die schließlich zu
ihrem Untergang führt, wird in Flauberts Roman durch die Figur des
Wucherers Lheureux ausgenutzt und durch die immer gegenwärtige Verführung Emma Bovarys das treibende Element der Handlung.

Tatsächlich hat Flaubert mit dem Kaufmann und Geldverleiher Lheureux den Teufel wieder eingeführt, der bereits in seinen vorhergehenden Schriften eine große Rolle gespielt hatte (....).

Anstelle des altmodischen blutgeschriebenen Titels tritt Emma
Bovarys Unterschrift unter Lheureux' Wechsel und Schuldscheine (...).

Obwohl gerade diese Figur seines Romans bewußt gedämpft behandelt
wird, so ist sie doch für den Ablauf der Handlung unerläßlich. Lheureux steht im Zwielicht am Rande der Erzählung, nur für kurze Augenblicke tritt er ins Zentrum der Aufmerksamkeit und wechselt gewöhnlich nur knappe Worte mit Emma Bovary, um wieder ins Dunkle zu glei-
ten.

Trotz dieser diskreten Behandlung einer zentralen Figur hat es
Flaubert verstanden, die Gestalt des archetypischen Bösen zur Gänze
zu bewahren[8].

Um seine Auffassung zu stützen, macht der Verfasser noch darauf
aufmerksam, daß das Böse, die Korruption um sich greift, nachdem Emma
Lheureux' Dienste annimmt (sie schockiert ihre Mitbürger, indem sie
mit herausfordernder Miene an Rodolphes Arm raucht; sie verstrickt
sich mehr und mehr in Lügengewebe; am Ende versucht sie gar, Léon zum
Diebstahl zu bewegen). Außerdem reiße Emma, genau wie Faust, durch

2

den Teufelspakt ihre nächste Umgebung mit in den Untergang hinein; und als die schöne Frau am Schluß die Hand auf Lheureux' Knie legt, da zeige er dieselbe dämonische Kälte wie etwa Mephisto gegenüber Marthe.

Das ist ungefähr alles, und es ist nicht wenig - für den Zweifelnden aber doch wohl nicht genug. Handelt es sich bei diesen Äußerungen nicht lediglich um mehr oder weniger naheliegende Assoziationen eines literaturkundigen Lesers? Daß die hier gezogenen kühnen Parallelen zwischen dem Wucherer Lheureux und den literarischen Teufelsfiguren auch wirklich berechtigt sind, muß erst noch bewiesen werden.Untersucht man nun den Wortlaut der wenigen Auftritte des Händlers und prüft, ob die Annahme, daß Emma es mit dem Erzbösewicht zu tun hat, auch auf keine Interpretationsschwierigkeiten stößt, so stellt man überrascht fest, daß der Roman nicht nur eine ganz ungeahnte Fülle von Beweisen für die Richtigkeit der Hypothese liefert, sondern daß sich mit ihrer Hilfe, und das ist das Entscheidende, auch eine Deutung des Ganzen ergibt, die zur Lösung mancher umstrittenen oder vernachlässigten Frage beitragen kann.

Die Absicht unserer Arbeit ist es, an Hand der für diesen Zusammenhang wichtigsten Romanstellen deutlich zu machen, daß Flaubert sich bei der Gestaltung seines Modehändlers (der einzigen Figur in der Geschichte, die ohne jede psychologische Nuancierung nichts als böse ist) tatsächlich bewußt die Tradition der Versuchergestalt zunutze gemacht hat. Von der großen Szene an, in der Lheureux zum ersten Mal im Mittelpunkt steht und die hier als Hauptbeweisstück dient, bis zu Emmas Tod, bei dem das Thema virtuos zu Ende geführt wird, sollen die einzelnen Phasen dieser auf normannischer Provinzbühne sich abspielenden "Tentation" betrachtet werden: die scheinbar abgewehrte, im Grunde aber schon wirksame Versuchung (Kap.I); die immer mehr sich etablierende Herrschaft des Bösen über das bis dahin nur ennuikranke Herz, mit der eine deutlich spürbare Steigerung der Heldin Hand in Hand geht, und schließlich das Schwelgen in der "vie pécheresse", das die nüchterne Handelsstadt Rouen zur großen Hure Babylon werden läßt und die "hardiesse candide" von Emmas schönen Augen in eine "hardiesse infernale" verwandelt (Kap.II). Die vielen Skizzen, Pläne und Vorstufen des Romans werden dabei oft fast ebenso beachtenswert sein wie seine letzte Fassung, da sich in ihnen die künstlerische Absicht Flauberts nicht selten weit stärker verrät als in dem endgültigen, so enthaltsamen und komprimierten Text. Erst recht aber wird in der entstehungsgeschichtlichen Betrachtung darauf zurückzugreifen sein, in

der es darum geht, die Karriere des vom Modehändler allmählich zum
Versucher aufsteigenden Lheureux zu verfolgen und die Verquickung
des banalen Sujets mit dem von Brombert nicht näher analysierten
"theme of temptation" genauer zu untersuchen. Durch die in dieser Untersuchung eingenommene Perspektive wird 'Madame Bovary' in die Nä-
he verschiedenartiger Werke gerückt, die man bisher kaum damit in
Beziehung brachte: die Erzählungen E. T. A. Hoffmanns z.B. oder der
mit allen Mitteln arbeitende Feuilletonroman Frédéric Souliés 'Les
Mémoires du Diable' (der erstaunliche Detailparallelen zu Emmas Geschichte enthält) oder auch Zolas 'Conquête de Plassans'. Recht aufschlußreich in unserem Zusammenhang sind einige Werke Thomas Manns,
von denen am Ende der Arbeit, in einer Schlußbemerkung, die Rede sein
wird. Ein besonderes Kapitel verlangt dagegen die Betrachtung der Jugendschriften Flauberts; das romantische Mysterienspiel 'Smarh' z.B.
hätte es schon der darin eingeflochtenen "Petite comédie bourgeoise"
wegen längst verdient, in Bezug auf 'Madame Bovary' genauer untersucht zu werden (Kap. III). Es zeigt sich dabei, wie sehr der so oft
um seiner Wirklichkeitstreue willen gelobte Roman nicht zuletzt in
den mystisch-phantastischen Versuchen des jungen Flaubert wurzelt;
in der zunächst so uneinheitlich anmutenden literarischen Entwicklung
des Verfassers von 'Madame Bovary' herrscht in Wahrheit eine sehr
weitgehende Kontinuität.

Was den Teufel anlangt, so besaß er gerade in Frankreich auf dem
Höhepunkt der Romantik eine Aktualität, von der man sich heute kaum
noch eine Vorstellung macht. In seinem reichhaltigen zweibändigen
Werk 'Le diable dans la littérature française' schreibt Milner:

Le diable parvient incontestablement, après 183o, au sommet de sa
popularité. Applaudi à l'Opéra dans un des plus grands succès du
siècle, invoqué par les poètes, invisible et présent - parfois visi-
ble - dans le roman, traité avec égards dans l'épopée, il figure en
bonne place dans les salons de peinture et de sculpture, fourmille
dans les vignettes, frontispices et culs-de-lampe, grimace dans les
illustrés, dicte sa loi aux élégants qui ne craignent pas le ridicule
et aux jeunes gens qui veulent se donner des airs à la page[9].

Verschiedenes hatte dazu beigetragen, "l'âge d'or du satanisme",
wie Milner das betreffende Kapitel überschreibt, heraufzuführen: das
von England ausgehende und sehr beliebte sog. "genre frénétique"(nach
Mario Praz sind es Enkel von Miltons Satan und Brüder von Schillers
Räuber, welche im englischen Schauerroman des 18. Jahrhunderts agie-
ren[1o]);die Rezeption Byrons einerseits und andererseits die des
Goetheschen Faustdramas (von dem Mme de Staël behauptet hatte, Mephisto
sei der eigentliche Held des Stücks[11]); dann die 1829/3o übersetzten,

außerordentlich erfolgreichen Erzählungen Hoffmanns; das durch die
Hinwendung zu Mittelalter und Christentum geweckte Interesse an altem
Legendengut, nicht zuletzt wohl aber der Wunsch, "de rendre plus
incertaine et plus flottante la ligne de démarcation que la génération
précédente avait crue tracée pour toujours entre le possible et l'im-
possible"[12]. Nichts ist jedenfalls weniger verwunderlich, als daß der
Schüler Gustave Flaubert, der bereits Mitte der dreißiger Jahre mit
seinen literarischen Übungen beginnt, den Teufel im Sinn hat, der immerhin in fünf seiner Jugendversuche eine zentrale Rolle spielt.

Die Lieblingsfigur der jungen Romantik ist aber nicht diese durch
Byron modern gewordene, kühne, doch ganz unirdische Mysterienspiel-
konstruktion. Ihr eigentliches Interesse gilt vielmehr der verun-
sichernden, ernsthaften Darstellung des Urbösen vor realistisch ge-
schildertem Hintergrund. Für uns ist ganz allgemein die Betrachtung
derjenigen Bösewichter am ergiebigsten, deren teuflisches Wesen sich
zumindest zu Beginn nicht eindeutig entpuppt, sondern nach Hoffmann-
scher Art mit einiger Diskretion dem wirklichkeitsgetreu dargestellten Milieu angepaßt wird. Dabei ist es im Grunde genommen gleichgültig, ob es sich um Satan selbst oder um einen Höllensendling geringe-
ren Ranges oder auch nur um einen Teufelsbündner handelt, der andere
ins Verderben reißt; und mindestens so wichtig wie die Beachtung des
Steckbriefs ist die Frage nach der Funktion des Bösen: ob er totale
materielle und moralische Vernichtung - den Untergang - bringt.

Ebenso schwierig wie reizvoll scheint für die verschiedenartigsten
Erzähler immer wieder die Aufgabe gewesen zu sein, die diabolische
Gestalt in ein wohlberechnetes Zwielicht zu stellen, so daß ihre wahre Natur nur eben durchschimmert. Dabei handelt es sich keineswegs um
reine Kunstübung. Will man seinen Leser in einen Zustand bangen, ah-
nungsvollen, doch unbestimmten Grauens versetzen, so erreicht man das
am besten, indem man an irrationale, mythisch-märchenhafte Vorstellungen rührt, die in jedem schlummern; eine ideale Kristallisation
solcher Vorstellungen war aber in der Figur des Teufels gegeben. Gerade das Zeitalter der Aufklärung hatte ihr zu besonderer Geltung
verholfen. Der rechte Glaube an den Widersacher Gottes und dessen
"intervention, directe, matérielle et sensible dans les affaires humaines"[13] ging im Laufe des 18. Jahrhunderts, auch in kirchlichen
Kreisen, entscheidend zurück, und Satan wurde in weit höherem Maße
frei für die Literatur, als das bis dahin der Fall war[14]. Trotzdem
besaß er bis in unsere Tage hinein noch Autorität genug, um die mehr
oder weniger christlich erzogenen Gemüter in Erregung zu versetzen,

5

worauf es schließlich in aller Kunst zuerst ankommt; "ce que le diable perd dans le domaine de la croyance, il le gagne dans celui de l'imagination; ce qu'il perd sur le plan religieux et dogmatique, il le gagne sur le plan esthétique"[15]. Nun ließen sich freilich in einer im tiefen Mittelalter spielenden Erzählung relativ leicht mit ein wenig "couleur locale" die Bedingungen schaffen, unter denen eine geheimnisvolle Einmischung der finsteren Mächte überzeugend wirkt. Bedeutend schwieriger gestaltete sich die Aufgabe bei einer in der Gegenwart angesiedelten Geschichte, deren Lokalkolorit ja 'realistisch' anmutet, so daß das Dekor unversehens in Widerspruch gerät zur Vorstellung einer aller Vernunft und Erfahrung spottenden persönlichen Intervention des Teufels. Bei Balzac kommt es nicht selten zu Ungereimtheiten und etwas gröblichen Puppentheatereffekten; in 'La fille aux yeux d'or' etwa wird das Verschwinden des in satanischer Gewalt stehenden de Marsay nach dem ersten Zusammensein mit Paquita so abrupt-geheimnisvoll motiviert, daß der Leser nicht weiß, was er davon halten soll, und die dämonischen Kräfte des Fremden in der 5. Erzählung von 'La femme de trente ans' scheinen stark übertrieben angesichts der Tatsache, daß es sich am Ende nur um einen Seeräuber handelt[16].

So weit darf man nicht gehen, wenn nur das Unterbewußte angesprochen, beängstigt, in der rechten Weise beeinflußt werden soll. Kluge Behutsamkeit in der Dosierung des Diabolischen ist vonnöten, ein Wort zuviel kann alles zerstören und die Geschichte entweder in ein Kindermärchen oder in ein bläßliches allegorisches Gedankenspiel verwandeln. In diesem Balanceakt liegt die Schwierigkeit und der Reiz - auch für den Interpreten.

I. DIE VERSUCHUNG

Im 5. Kapitel des 2. Teils, an einem Wendepunkt des Romans, tritt
der Wucherer plötzlich in den Vordergrund. Zur Situierung der ersten
entscheidenden Lheureux-Szene ist es nötig, ein wenig auszuholen.

Das Ehepaar Bovary lebt noch nicht lange in Yonville; elf Monate
sind vergangen, seit der Wundarzt die gerade gut in Schwung gekom-
mene Praxis in Tostes aufgab und seiner Frau zuliebe in die Gegend
von Rouen zog. Denn Emmas Nervosität hatte, zumal nach der Enttäuschung, nicht wieder auf Schloß Vaubyessard eingeladen zu sein, zu
echten und simulierten Unpäßlichkeiten geführt, die schließlich ihren liebevoll besorgten Ehemann zur Überzeugung gelangen ließen, nur
eine Luftveränderung könne hier Abhilfe schaffen. Die neue Umgebung
war denn auch zunächst eine willkommene Abwechslung, doch nach und
nach stellte sich heraus, daß der Ortswechsel nicht viel Veränderung
gebracht hatte; das beengende, kleinbürgerlich-provinzielle Ambiente,
der prosaische, gutmütige, aufreizend durchschnittliche Ehemann waren geblieben. Die Geburt einer Tochter an Stelle des gewünschten
Sohnes war nur eine fehlgeschlagene Hoffnung mehr. Allerdings hatte
Emma gleich am ersten Abend in Yonville die Bekanntschaft des jungen
Notariatsgehilfen Léon gemacht, der einzige dort, mit dem sie sich
versteht, der ihr romantische Gedichte rezitiert und der sie, ohne
den Mut zu einem Geständnis zu finden, schüchtern und schwärmerisch
liebt. Liebt sie ihn wieder?

Quant à Emma, elle ne s'interrogea point pour savoir si elle
l'aimait. L'amour, croyait-elle, devait arriver tout à coup, avec de
grands éclats et des fulgurations, - ouragan des cieux qui tombe sur
la vie, la bouleverse, arrache les volontés comme des feuilles et
emporte à l'abîme le coeur entier[17].

In Emmas Vorstellung gibt es nur die große Liebe, deren Beginn
notwendig ein "coup de foudre" ist. So hat sie es gelesen in ihren
Büchern, die ja an allem schuld sind[18]. Sie wußte nicht, so fährt
Flaubert fort, daß sich auf den flachen Dächern das Wasser staut,
wenn die Regenrinnen verstopft sind - bis sie eines Tages einen Riß
in der Mauer entdeckt[19]. Mit dieser metaphorischen Wendung schließt
das 4. Kapitel des 2. (mittleren) Romanteils. Sie kündigt die kom-
menden Ereignisse an, mit denen wir uns im folgenden eingehender zu
beschäftigen haben. Ein neuer Abschnitt der Erzählung beginnt.

Der Riß in der Mauer macht sich bemerkbar, als Emma bei einem
winterlichen Ausflug ihren Ehemann betrachtet - "son dos même, son
dos tranquille, était irritant à voir, et elle y trouvait étalée sur
la redingote toute la platitude du personnage"[20] - und ihn mit Léon
vergleicht; sie macht die Entdeckung, daß der blasse und blauäugige
junge Mann ihrem romantischen Männerideal sehr entgegenkommt. Nach
Hause zurückgekehrt, schickt sie Charles allein zur abendlichen Gesellschaft bei Homais; sie will Léon nicht sehen, um ungestört an
ihn denken zu können. Sie findet ihn bezaubernd, sie interpretiert
plötzlich alles, was sie je von ihm gehört hat, auf neue Art und
fragt sich, ob er nicht etwa liebe. "Qui donc?...mais c'est moi!
(...) Oh! si le ciel l'avait voulu!" Als Charles ankommt und berichtet, daß Léon gegen seine Gewohnheit früh schlafen gegangen sei, kann
Emma nicht umhin zu lächeln: "et elle s'endormit l'âme remplie d'un
enchantement nouveau". Der nächste Satz heißt: "Le lendemain, à la
nuit tombante, elle reçut la visite du sieur Lheureux, marchand de
nouveautés. C'était un homme habile que ce boutiquier"[21].

Zum ersten Mal ist Emma einer ehebrecherischen Anwandlung erlegen.
Und genau im rechten Augenblick (fast als käme er aus einer Welt, in
der man über alles Bescheid weiß) erscheint, in der Lieblingsstunde
des Bösen, bei anbrechender Nacht, der Händler. Er will das Terrain
sondieren, wie es in den Plänen heißt. Folgendermaßen wird er eingeführt:

Né Gascon, mais devenu Normand, il doublait sa faconde méridionale
de cautèle cauchoise. Sa figure grasse, molle et sans barbe, semblait
teinte par une décoction de réglisse claire, et sa chevelure blanche
rendait plus vif encore l'éclat rude de ses petits yeux noirs. On
ignorait ce qu'il avait été jadis: porteballe, disaient les uns,
banquier à Routot, selon les autres. Ce qu'il y a de sûr, c'est qu'il
faisait, de tête, des calculs compliqués, à effrayer Binet lui-même.
Poli jusqu'a l'obséquiosité, il se tenait toujours les reins à demi
courbés, dans la position de quelqu'un qui salue ou qui invite.
Après avoir laissé à la porte son chapeau garni d'un crêpe, il
posa sur la table un carton vert, et commença par se plaindre à
Madame, avec force civilités, d'être resté jusqu'à ce jour sans obte-
nir sa confiance[22].

"Né Gascon, mais devenu Normand" - der geschickte Modewarenhänd-
ler stammt also nicht aus der Normandie wie die anderen Gestalten des
Romans. Seine Vergangenheit bleibt in rätselhaftes Dunkel gehüllt,
was über sie im Umlauf ist, scheint von mysteriöser und etwas an-
rüchiger Gegensätzlichkeit zu sein (war er Hausierer, war er Bankier?). Näheres über Herkommen und Verwandtschaft des Kaufmanns erfahren wir nirgends, auch nichts über seinen derzeitigen Familien-
stand. Zunächst scheint es, als sei Lheureux Witwer, da er einen

Flor am Hute trägt, und in den Entwürfen ist er es auch ausdrücklich. Im Buche selbst bleibt die Frage jedoch offen; bezeichnenderweise wird gegen Ende nur ein buckliges, ganz junges Mädchen vorgeführt, das dem Händler gleichzeitig als Bürohilfe und Küchenmagd dient.

Verschlagenheit und nie versiegende Suada sind seine Hauptcharakteristika, während die besondere Tönung des fleischig-nackten Gesichts (heller Lakritzensaft färbt die Haut rötlich) und der harte Glanz der kleinen schwarzen Augen die äußere Erscheinung auszeichnen. Seine Rechenfertigkeit ist so ungewöhnlich, daß sie ans Unheimliche grenzt; selbst der gleichmütige Steuereinnehmer erschauert. Doch trotz dieser geistigen Überlegenheit ist Lheureux von kriecherischer Unterwürfigkeit, er steht immerzu gebückt da, in grüßender, ja einladender Haltung. Mehr noch: seine devote Art wird öfter benutzt, um Assoziationen an die Schlange wachzurufen; so wird der Wucherer nicht nur als "rampant" bezeichnet, was für sich allein wenig besagen würde, sondern er stößt auch noch beständig ein "petit sifflement" aus. Von dieser eigentümlichen Angewohnheit ist fast bei jedem Auftritt die Rede, und sie wurde ursprünglich schon hier, bei seiner Vorstellung, erwähnt. Nach "qui invite" hatte es noch geheißen:"Sa bouche étroite, aux lèvres aplaties, et montrant les dents avait l'air d'un trou rond percé dans son visage. Il poussait d'habitude une sorte de sifflement doux ayant la respiration un peu gênée"[23]. Der Mund als ein in das Gesicht gebohrtes rundes Loch ist ein auffallend krasses Bild, und die unter zurückgezogenen Lippen hervorbleckenden Zähne gehören zu den am häufigsten wiederkehrenden physiognomischen Eigenheiten des Teufels[24]. Das etwas überraschende Adjektiv "doux", das dem Zischen oder Pfeifen beigelegt wird, dürfte mit dem einschmeichelnden Benehmen des Wucherers zusammenhängen. Flaubert hat die Stelle gestrichen, wie manche andere, die ihm offenbar zu aufdringlich erschien. Was die weißen Haare anlangt, so stehen sie keineswegs in Widerspruch zu der hier vorgetragenen Interpretation. Gerade sie gehörten für Flaubert zu einer solchen Gestalt dazu. In der 'Tentation' von 1874 tritt Satan-Hilarion beim ersten Mal als Zwerg mit weißen Haaren auf, und es scheint, als sei dies die letzte Spur des Breughelschen Gemäldes, die in Flauberts Alterswerk noch nachzuweisen ist: dort sieht man (rechts im Bild) eine kleine gedunsene, großköpfige und weißhaarige dämonische Figur auf schwarzem Pferde reiten[25].

Im ganzen gesehen läßt sich in einem Roman mit dem Untertitel "moeurs de province" der Böse wohl kaum mit traditionelleren Mitteln vorführen. Gewöhnlich kommt er anderswoher; ein Fremder mit ungewisser Vergangenheit, der in wenig durchsichtigen Verhältnissen lebt. Seine Gesichtshaut ist rot oder rotgefleckt, allenfalls gelblichgrünlich, in seinen Augen aber glüht stets ein auffallendes und wenig anheimelndes Feuer. Die Macht, die unverhohlene Brutalität oder einfach die Unverschämtheit seines Blickes ist überhaupt sein wichtigstes und oftmals einziges Erkennungszeichen[26]. "Éclat rude" ist noch eine harmlose Bezeichnung, später blickt der Kaufmann seiner Kundin "d'une manière insupportable" ins Gesicht, und am Ende hat er gar einen Blick, der sie bis ins Mark erschauern läßt:"et il la regardait d'une manière si perspicace et si terrible qu'elle en frissonna jusqu'aux entrailles"[27]. Die geistige Überlegenheit des Händlers einerseits(er kann nicht nur ungewöhnlich gut rechnen, er versteht es auch, die Menschen rasch zu durchschauen und aus einem Minimum an Information die richtigen Schlüsse zu ziehen) und seine dienernde Haltung andererseits entsprechen dem Doppelcharakter aller Dämonen mephistophelischer Prägung, die hienieden den Diener zu spielen versprechen, um danach die Herren zu sein. Daß der Dichter den schmallippigen Mund mit den immer sichtbaren Zähnen fortließ und sich das eigenartige Gezische für später vorbehielt, bestätigt nur, wen er im Sinne hat und daß ihm daran lag, eine allzu offenkundige Häufung des Diabolischen zu vermeiden. Es kann aber auch das Gegenteil vorkommen, daß nämlich Flaubert eine unverfängliche Wendung streicht, um eine andere, zweideutige zu wählen, wenn sie nur unauffällig genug anzubringen ist. Die Begrüßungsworte Lheureux' an Mme Bovary sind ein Beispiel dafür. Er leitet die Unterredung ein mit der Klage, daß es ihm bis heute nicht gelungen sei, ihr Vertrauen zu gewinnen. Ein Blick in die Entwürfe zeigt, daß die Anzüglichkeit dieser Ausdrucksweise offenbar beabsichtigt ist. Zunächst hatte Flaubert geschrieben: "Il commença par se plaindre, avec force civilités, de ce que Mme Bovary jusqu'à présent semblait oublier son magasin"[28]. Demgegenüber hat Flaubert einer Formulierung den Vorzug gegeben, in der alles Spezielle, Konkrete wegfällt, und die in ihrem Doppelsinn genau dem formelhaften Abschiedsgemurmel am Schluß der Szene entspricht: "au revoir, madame Bovary; à votre disposition; serviteur très humble!"[29] Ganz ergebener Diener, das ist klassischer Teufelsabschied, mit passenderen Worten kann er sich nicht entfernen; zugleich wird durch die Häufung der Ergebenheitsfloskeln die einladende Haltung noch ein letztes Mal vorgeführt. Auch hier hätte es nahegelegen, den Kaufmann den Wunsch äußern zu lassen, Mme Bovary möge, da sie ihm schon nichts abgekauft habe, wenigstens sein "magasin" in Zukunft nicht mehr völlig übersehen. Statt dessen fehlt wieder jeder Bezug auf die reale Situation. - Die Zweideutigkeit von Lheureux' Redeweise ist beabsichtigt, auch sie ist ein traditionelles Mittel, den Teufel einzuführen, das sich bei vielen Autoren großer Beliebtheit erfreut, auch bei dem jungen Flaubert selbst[30].

Es lohnt sich, diese Schilderung einmal neben eine jener Teufelsgeschichten aus der Romantik zu stellen, in denen sich Realistisches und Phantastisches mischt und in denen der Böse nicht sofort (durch seine mittelalterlichen Attribute) kenntlich gemacht wird, sondern wenigstens zu Anfang nur durch diskrete Zeichen. Eine zunächst knappe Dosierung des Unheimlichen, Infernalischen, die den Leser im Zweifel läßt, ist besonders dann angebracht, wenn die Verführung eines ausgesprochen frommen Menschen dargestellt werden soll. Darüberhinaus hat sie den Vorzug, daß die Enthüllung noch eine Steigerung bringt -, die aber auch ausbleiben kann zugunsten beunruhigender Doppelbödigkeit. In jedem Fall aber muß das Satanische mehr oder weniger unterschwellig wirksam sein.

Sieht man sich in den Erzählungen E.T.A.Hoffmanns um, da sie gerade in Frankreich so großes Echo fanden und, gemeinsam mit Chamissos 'Peter Schlemihl' und Goethes 'Faust', die Hauptinspirationsquelle zahlloser Teufelsdarstellungen sind, so entspricht der Beginn des Nachtstücks 'Ignaz Denner' unserer Szene in mancherlei Beziehung.

Zu dem sehr armen, frommen Jägersmann Andres kommt ebenfalls genau im rechten Moment, als er sich nämlich in der allergrößten Not befindet, plötzlich ein Fremder. Es ist, wie in Peter Schlemihls wundersamer Geschichte, ein langer, hagerer Mann in grauem Mantel; des heulenden Sturmes wegen hat er "die Reisemütze tief ins Gesicht gedrückt". Unter dem Mantel trägt er ein Felleisen und ein Kistchen; er legt alles ab und bittet um Unterkunft. Der todkranken Frau des Jägers gibt er von einem "ganz dunkelroten Liquor" zu kosten, worauf sie sich zusehends erholt. Das nimmt schließlich den guten Andres, den zuerst der "stechende, falsche Blick des Fremden abgeschreckt" hatte, für ihn ein. Der eigentümliche Wunderdoktor - der sich Kauf- und Handelsmann nennt, sich in Wahrheit aber als Räuber betätigt[31] - hat es denn auch auf nichts anderes abgesehen, als den wackeren Andres für sich zu gewinnen. Er wirbt um das Vertrauen der beiden. Sie

sollen viel Geld von ihm annehmen. Andres bleibt zurückhaltend; er
gesteht hinterher seiner Frau, daß ihm in Gegenwart des Fremden oft
ganz unheimlich zumute sei, daß es aus seinen "tiefliegenden kleinen
Augen" so sonderbar herausblitze, daß es einen "eiskalt überläuft".
Deshalb appelliert der Händler an die Schmuck- und Putzsucht der
sonst ebenfalls sehr guten Frau. Prächtige Geschmeide breitet er auf
ihrem Bette aus, und schließlich überläßt er ihr sein mit den kost-
barsten Juwelen angefülltes Kistchen mit der Aufforderung,sich jeder-
zeit, wenn es ihr Vergnügen mache, "mit seinen Geschmeiden zu schmük-
ken, da es ihr ja ohnedies in diesem einsamen wilden Forst an jeder
Belustigung mangle". Sie behält alles; ihrem Mann hatte die Kranke
zuvor einen flehenden Blick zugeworfen, "diesmal nicht so strenge auf
sein inneres Widerstreben zu achten"[32].

Vergleicht man die Szene mit der Versuchung Mme Bovarys, so fällt
zunächst auf, daß in beiden Fällen der Unheilbringer als Kaufmann
auftritt, mit einem Kistchen oder einer Schachtel, aus der er Kostbarkeiten hervorzieht und ausbreitet, die das weibliche Auge entzük-
ken, ja verführen[33], und daß die Freigebigkeit jeweils unbegrenzt zu
sein und kaum eine Gegenleistung zu beanspruchen scheint. Der
Hoffmannschen Szene liegt sicher der biblische Sündenfall zugrunde:
nicht ein einzelner, sondern ein Paar wird in Versuchung geführt,
und die größere Zugänglichkeit der Frau verhilft dem Bösen zum Erfolg. Dieser Anfang einer phantastischen Erzählung (die nachher allzu grell und wechselvoll wird) ist sehr gelungen: der grundehrliche
Ehemann, der nur um der Gesundheit seiner Gattin willen widerstrebend nachgibt, ist in eine Lage hineingestellt worden, in der er gar
nicht anders kann als dem Bösen den kleinen Finger zu geben, was
freilich bald die furchtbarsten Konsequenzen nach sich zieht. Man
darf das wohl als ein Kriterium für die Qualität, die Überzeugungs-
kraft dieser Art von Szenen ansehen: der erste Schritt auf der brei-
ten Straße, die zur Hölle führt, von der man allerdings häufig im
letzten Moment gerettet wird, muß unbedingt nachvollziehbar sein, er
darf aber nicht blind, nicht in völliger Verkennung des Bösen, mit
dem man sich einläßt, erfolgen[34]. Und deswegen gibt es allerlei war-
nende Zeichen.

Dazu gehört im Grunde genommen schon des Fremden tief ins Gesicht
gedrückte Reisemütze. Gerade der Kopfbedeckung haben sich Teufelsdarsteller vielfach mit besonderer Neigung angenommen, veranschau-
licht sie doch vortrefflich und ganz ungezwungen das ewige Unterwegs-
sein des Bösen, verleiht ihm jenes "Gepräge des Fremdländischen und

12

Weiterkommenden", um Thomas Manns Worte zu gebrauchen. Man kann dabei die Art und Weise, wie der Hut getragen wird, zu seinen Zwecken verwenden, hier z.B. das halbe Gesicht verhüllend, so daß er unheimlich wie eine schreckenerregende Maske wirkt. (Auch von Lheureux heißt es später, als er Emma auf jene unerträgliche Weise anblickt: "il avait baissé son chapeau sur les yeux".) Doch auch die Beschaffenheit des Hutes kann so geschildert werden, daß ein Grauen erzeugt wird; nicht selten ist er dann verziert mit originellen Abarten von Mephistos Hahnenfeder. In einer französischen Legende verrät sich der Teufel durch seinen "chapeau galonné"[35]. Von dem Mörder und Teufelsbündner in Nodiers 'Combe de l'homme mort', der übrigens auch Rektor der Universität Heidelberg ist, heißt es: "son chapeau rabattu était ombragé d'une plume flottante qui retombait devant ses yeux"[36]. Lheureux, so schreibt Pinette, sei ein Teufel ohne starres Seidenmäntelchen und ohne Hahnenfeder[37]. Doch ist es nicht auffällig, daß auch er einen "chapeau garni d'un crêpe" besitzt? Wem dieser Trauerflor gilt, wird ja nirgends gesagt im Roman. Der Hutschmuck ist um seiner selbst willen da und kann als böses Omen empfunden werden, wie das Scheuen von Charles' Pferd, als er zum ersten Mal zu Emma reitet. Aber handelt es sich nicht letzten Endes um ein realistisch angepaßtes Teufelsrequisit?[38] - Das eigentliche Warnsignal für den frommen Andres ist freilich der stechende, falsche Blick der tiefliegenden kleinen Augen, der sich zu einem raschen, funkelnden Blitz steigern kann; das instinktive Zurückweichen des Jägers wird dadurch ebenso schlicht wie einleuchtend motiviert. Doch während sich die Schilderung des Blicks kaum ein Teufelsdarsteller entgehen läßt, ist die psychologisch scharfsichtige Spekulation auf die Langeweile und Einsamkeit des weiblichen Opfers ein seltenerer und darum interessanterer gemeinsamer Zug der beiden Händler.

Mit einem anderen Hoffmannschen Höllengeist teilt Lheureux seine geräuschvollen Atembeschwerden. Von dem teuflischen Coppelius heißt es in einem anderen Nachtstück: "Das schiefe Maul verzieht sich oft zum hämischen Grinsen; dann werden auf den Backen ein paar dunkelrote Flecken sichtbar und ein seltsam zischender Ton fährt durch die zusammengekniffenen Zähne"[39]. Als Lheureux im letzten Romanteil Mme Bovary mit heruntergezogenem Hut anstarrt, versteht er es ebenfalls, Zischen und Grinsen miteinander zu kombinieren.

Flaubert kannte natürlich Hoffmann; in einer Erzählung aus seiner Schülerzeit führt er z.B. eine Gestalt mit den Worten ein: "un de ces êtres sataniques et bizarres tels qu'Hoffmann en déterrait dans

ses songes"[40]. Trotzdem soll mit den erwähnten Entsprechungen - man
hätte andere in den Vordergrund stellen und andere Autoren zum Vergleich heranziehen können - nicht auf eine regelrechte Abhängigkeit
hingewiesen werden; die genannten Parallelen lassen jedoch alle die
Tradition erkennen, in die der Wucherer hineingehört und ohne deren
Berücksichtigung er nicht richtig gewürdigt werden kann. Man wirft
ihm im allgemeinen vor, daß er recht blaß geraten sei, daß er es mit
dem lebensstrotzenden Apotheker in keiner Weise aufnehmen könne.
"Ce personnage-ci n'a pas dû naître, comme d'autres, d'un type que
l'écrivain avait dans l'esprit", schreibt Claudine Gothot-Mersch;
schon in den Entwürfen zeichne sich rasch die starke, vielseitige und
charaktervolle Persönlichkeit von Homais ab, während Lheureux keinerlei "traits de caractère" abbekomme[41]. Man wundert sich über das
plötzliche Versagen von Flauberts Schöpferkraft... Sieht man dagegen
in Lheureux den Versucher, so wird klar, daß seine Gestalt gar nicht
schärfer konturiert werden durfte, er mußte im Schatten bleiben, am
Rande des Geschehens. Da die Jugendwerke Flauberts von seiner inten-
siven Beschäftigung mit der Satansfigur beredtes Zeugnis ablegen,
und da er Hoffmann als Spezialisten für solche Gestalten erwähnt,
kann man annehmen, daß der Verfasser von 'Madame Bovary' den Versucher mehr oder weniger automatisch und ohne sich über die Herkunft
der Details im einzelnen Rechenschaft abzulegen mit den wenigen alt-
vertrauten, passenden Charakteristika ausstattete.

Um aber den wahren Hintergrund des Geschehens nirgends völlig
transparent werden zu lassen, um den teilweise sehr eindeutigen
Merkmalen zum Trotz den Leser nirgends stutzig zu machen - nur die
beklemmende Ahnung sollte aufkommen, daß Emma einen ebenso überlegenen wie erbarmungslosen Verderber vor sich hat, dem sie mit unent-
rinnbarer Notwendigkeit ins Netz laufen wird - um also alles im Dunklen zu lassen, hat der Erzähler mit verblüffender Konsequenz immer
wieder denselben Kunstgriff angewandt: die konventionellen Züge des
Bösen sind gleichsam realistisch verkleidet, verfremdet worden. Die
verräterische Gesichtsfarbe wird mit gut gemimter Sachlichkeit als
möglicherweise kosmetischen Ursprungs hingestellt, sie wird überhaupt
nicht genannt, sondern nur verschämt umschrieben[42]. Der unangenehme
Glanz der kleinen schwarzen Augen soll mit Hilfe des Farbkontrasts zu
den weißen Haaren plausibler erscheinen. Am Ende der Versuchungsszene
wird selbst die gebückte, einladende Haltung des Kaufmanns medizi-
nisch motiviert: wegen eines Schmerzes im Rücken erklärt er, Charles
Bovary konsultieren zu wollen (was natürlich nie geschieht). An der

weggestrichenen Stelle läßt sich genau dieselbe Taktik beobachten:
das "sifflement doux" wird prompt auf eine "respiration un peu gênée"
zurückgeführt[43]. Und bereits im ersten Satz werden des Händlers List
(mit der er Emmas Untergang betreibt) und seine betörende Redselig-
keit (die noch manch anzügliche verbale Ausschweifung decken muß) mit
zwei französischen Provinzen in Zusammenhang gebracht, gerechtfer-
tigt[44]. Es gibt wohl kaum eine zweite Gestalt in dem Roman, deren Eigenheiten so stereotyp und eilig begründet würden.

Aber so viele frappierende Einzelheiten man auch anführen mag -
entscheidend für die Identifizierung des Flaubertschen Händlers ist
seine Funktion innerhalb des Ganzen. Wenden wir uns nun der Szene
selbst zu. Lheureux versucht, Emmas Interesse zu erregen, indem er aus
seiner grünen Schachtel ein halbes Dutzend bestickter Kragen zieht.

Madame Bovary les examina.
-Je n'ai besoin de rien, dit-elle.
Alors M. Lheureux exhiba délicatement trois écharpes algériennes,
plusieurs paquets d'aiguilles anglaises, une paire de pantoufles en
paille, et, enfin,quatre coquetiers en coco, ciselés à jour par des
forçats. Puis, les deux mains sur la table, le cou tendu, la taille
penchée, il suivait, bouche béante, le regard d'Emma, qui se promenait
indécis parmi ces marchandises. De temps à autre, comme pour en
chasser la poussière, il donnait un coup d'ongle sur la soie des
écharpes, dépliées dans toute leur longueur; et elles frémissaient
avec un bruit léger, en faisant, à la lumière verdâtre du crépuscule,
scintiller, comme de petites étoiles, les paillettes d'or de leur
tissu.
-Combien coûtent-elles?
-Une misère, répondit-il, une misère; mais rien ne presse; quand
vous voudrez; nous ne sommes pas des juifs!
Elle réfléchit quelques instants, et finit encore par remercier
M. Lheureux, qui répliqua sans s'émouvoir:
-Eh bien, nous nous entendrons plus tard; avec les dames je me suis
toujours arrangé, si ce n'est avec la mienne, cependant!
Emma sourit.
-C'était pour vous dire, reprit-il d'un air bonhomme après sa
plaisanterie, que ce n'est pas l'argent qui m'inquiète... Je vous en
donnerais, s'il le fallait.
Elle eut un geste de surprise.
-Ah! fit-il vivement et à voix basse, je n'aurais pas besoin
d'aller loin pour vous en trouver; comptez-y!
Et il se mit à demander des nouvelles du père Tellier, le maître du
'Café Français', que M. Bovary soignait alors.
-Qu'est-ce qu'il a donc, le père Tellier?... Il tousse qu'il en
secoue toute sa maison, et j'ai bien peur que prochainement il ne lui
faille plutôt un paletot de sapin qu'une camisole de flanelle? Il a
fait tant de bamboches quand il était jeune! Ces gens-là, madame,
n'avaient pas le moindre ordre! il s'est calciné avec l'eau-de-vie!
Mais c'est fâcheux tout de même de voir une connaissance s'en aller.
Et, tandis qu'il rebouclait son carton, il discourait ainsi sur la
clientèle du médicin.
-C'est le temps, sans doute, dit-il en regardant les carreaux avec
une figure rechignée, qui est la cause de ces maladies-là! Moi aussi,
je ne me sens pas en mon assiette; il faudra même un de ces jours que

je vienne consulter Monsieur, pour une douleur que j'ai dans le dos. Enfin, au revoir, madame Bovary; à votre disposition; serviteur très humble!
Et il referma la porte doucement[45].

Drei Anläufe nimmt Lheureux, um mit Mme Bovary ins Geschäft zu kommen. Das erste Mal wird er ohne Umstände abgewiesen. Unerschüttert breitet er daraufhin seine Waren, vor allem die fast lebendig wirkenden, schlangenartigen Schärpen verführerisch vor ihr aus und erforscht Emmas immerhin schon unschlüssige Miene mit der größten Indiskretion. Sie erkundigt sich denn auch nach dem Preis, und, nach einigem Zögern, dankt sie wieder; "nous nous entendrons plus tard", meint Lheureux siegessicher und unternimmt sogleich seinen dritten und kühnsten Versuch. Sie sorge sich ums Geld? "Je vous en donnerais". Emma kann ihre Überraschung nicht verbergen. - Nach einem kleinen Schwatz verabschiedet er sich als ergebener Diener, um geräuschlos wieder von der Bildfläche zu verschwinden.

Drei Attacken also reitet der Versucher, und jedesmal wird er zurückgeschlagen. Die erste Ablehnung erfolgt unverzüglich ("Je n'ai besoin de rien"), die zweite nicht ohne inneren Kampf ("Elle réfléchit quelques instants"); auf das extravagante Geldangebot reagiert Emma mit einer unwillkürlichen Geste und schweigt. Aber nicht allein des dreifachen Anlaufs wegen kann man sich an die Versuchung Christi in der Wüste erinnert fühlen (wie an Adams Fall bei der Geschichte des armen Andres). Die berühmten Bibelverse - von dem jungen Autor des öfteren zitiert oder abgewandelt[46] -, in welchen der Teufel Jesus auf einen sehr hohen Berg führt und ihm alle Reiche der Welt und ihre Herrlichkeit in einem Augenblick zeigt, scheinen sich überall in Flauberts Szene widerzuspiegeln. Auch der Kaufmann zeigt seiner Kundin in spe alle Herrlichkeiten der Erde in einem Augenblick: aus allen Ecken und Enden der Welt stammen die Schätze, die er vor ihr niederlegt; Algerien und England werden genannt, und eine passende, zugleich exotische und makabre Nuance wird durch die von Sträflingen verzierten Eierbecher aus Kokosnußschale beigesteuert[47]. Mehr noch: gegen Schluß des Absatzes wendet Flaubert alle Raffinesse seiner Sprachkunst auf, um, in Verbindung mit der Abenddämmerung, ein geradezu kosmisches Blinken und Goldgefunkel heraufzubeschwören; "lumière", "crépuscule", "étoiles" und "or" bewirken eine Entgrenzung, das verführerische Geglitzer kommt durch die syntaktische Isolierung des fast onomatopoetischen "scintiller" zustande[48].

Der Stoff glitzert golden, während Mme Bovarys Salon plötzlich in eine "lumière verdâtre" getaucht ist. Genau denselben Beleuchtungseffekt verwendet Flaubert auf dem ersten Höhepunkt der 'Tentation de saint Antoine'. Nachdem die Logik, als achte Todsünde, dem heiligen Antonius zugerufen hat "Tu adores Dieu, adore le Diable!", nähern sich grimassierend und unter einer Geräuschkulisse von "sifflements" und "aboiements" sämtliche Péchés und Hérésies dem erschauernden Eremiten, und der Mond, der durch braune, heftig bewegte Wolkenschichten bricht, "illumine la scène d'un reflet verdâtre"[49].

Der Auftritt der Königin von Saba in der 'Tentation' ist es jedoch, der als Ganzes einen Vergleich mit dem Lheureux-Besuch geradezu herausfordert. Das ist nicht überraschend, denn es handelt sich hier überhaupt um die einzige größere konkrete Versuchung des Heiligen, während fast alle anderen gedanklich, abstrakt, sind. Die Funktionen Lheureux' und Léons vereinigt die legendäre Königin in einer Person: sie trägt sich dem Heiligen an, und sie breitet alle Kostbarkeiten aus ihrem Gepäck vor ihm aus. Sie zeigt ihm ihre Geschenke und zählt deren verschiedenartige ferne und exotische Herkunftsländer auf.

Il y a là dedans des broderies d'Assur, des ivoires du Gange, de la pourpre d'Elisa (...). Voilà des colliers, des agrafes, des filets (...)./Ce tissu mince qui craque sous les doigts, avec un bruit d'étincelles (...)./Veux-tu le bouclier de Gian-ben-Gian (...)? Le voilà! il est composé de sept peaux de dragons (...) qui ont été tannées dans de la bile de parricide[50].

Auch hier fehlt, inmitten der Aufzählung der Reichtümer, die makabre Nuance nicht und nicht das funkenartige Knistern des Stoffs unter den Nägeln. Der Redefluß der halluzinatorischen Figur stellt selbst die "faconde méridionale" Lheureux' in den Schatten, das leidenschaftliche Werben wird nur von einigen Regieanweisungen unterbrochen, welche die Reaktion des Heiligen andeuten. Wie Mme Bovary verhält auch er sich zunächst strikt ablehnend, was die sagenhafte Verführerin ebenso zu ignorieren weiß wie der kleinstädtische Modehändler. Doch nach einer Weile entschlüpft dem Eremiten ein Seufzer, und schließlich setzt er seinen Fuß auf das schleppende Gewand der entschwindenden Königin.

So wie diese bei aller strömenden Beredsamkeit den Heiligen scharf beobachtet ("elle l'examina", lautet eine Regiebemerkung), so erforscht auch der Wucherer Mme Bovarys Reaktion, was in dem Roman mit epischer Ausführlichkeit geschildert wird: "les deux mains sur la table, le cou tendu, la taille penchée, il suivait, bouche béante, le regard d'Emma, qui se promenait indécis parmi ces marchandises". Das gänzlich schamlose, von keinerlei menschlichen Takt- oder Rücksichtsgefühlen behinderte Ausspionieren des Mienenspiels ist nur eine subtilere Variante der furchterregenden teuflischen Blickgewalt. Vom

Standpunkt der Provinzsitten aus könnte man sich wohl wundern, mit
welcher Kühnheit Lheureux, gleich bei seinem ersten Besuch, nicht nur
die Zahlungsfähigkeit der Bovarys anzweifelt, sondern auch Emma
schlankweg die Bereitschaft zutraut, sich hinter Charles' Rücken mit
ihm, dem Modehändler, auf trübe Geschäfte einzulassen, jetzt oder
später. Emma hätte ihn entrüstet hinauswerfen oder zumindest ihm einen deutlichen Verweis erteilen können. Nichts dergleichen geschieht.
Lheureux ist sich seiner Sache sicher. Der Blick, mit dem Emma auf
den Schärpen verweilte und den er ungeniert verfolgte, sagte ihm offenbar genug. Er hat, trotz ihrer Ablehnung, das Spiel fest in der
Hand - dank seiner überlegenen Taktik und einer "science du coeur que
son aspect chafouin ne laisserait pas deviner"[51].

In dem abschließenden Klatschgespräch aber, scheinbar beiläufig
angeführt, ist des Pudels Kern wohl am deutlichsten zu spüren. Es
ist die Rede von einem Opfer Lheureux', "assassiné de billets"[52], wie
wir wenig später erfahren, und der Händler vermutet, daß dieser Père
Tellier demnächst eher einen Mantel aus Tannenholz als eine Flanell-
weste benötigen werde. Krankheit, Tod und Grab gehören zu den Lieb-
lingsthemen des Bösen, und die flotten Anzüglichkeiten in dieser
Richtung sind geradezu seine Spezialität. Was sie bezwecken, ist
leicht einzusehen: sie wirken befremdend, unangenehm, und sie enthal-
ten letztlich die gehässige Genugtuung des Außenstehenden, der auf
die conditio humana spöttisch-unbeteiligt herabsieht. Gleich darauf
folgt ein nicht minder beliebter literarischer Scherz, der darin besteht, den Teufel als Moralprediger auftreten zu lassen: "Ces gens-là,
madame, n'avaient pas le moindre ordre!" Hat nicht er selbst soeben
in recht unzweideutiger Weise versucht, Mme Bovary zur Unordnung zu
verleiten? - Léon Bopp fragt sich, was das Verweilen des Gesprächs
beim Père Tellier hier wohl bedeuten solle, und gelangt zu dem Ergebnis, auch die in der Provinz grassierende Trunksucht habe in den
Sittenroman miteinbezogen werden müssen[53].

Genauer besehen, scheinen fast alle Handlungen und Bemerkungen
des Kaufmanns hintergründig zu sein. Was soll man z.B. von dem leise
und heftig hervorgestoßenen Satz denken, er, Lheureux, habe es nicht
nötig, weit zu gehen, um Mme Bovary Geld zu beschaffen? Auch Chamissos grauem Mann gelingt es, mit der Erwähnung von Fortunati Glückssäckel den ängstlich zögernden Schlemihl zu betören[54]. Ob es berechtigt ist, an Eva zu denken bei dem Ausspruch "avec les dames je me
suis toujours arrangé", mag dahingestellt bleiben. Die Tatsache, daß
der Besuch des Händlers traditionsgetreu in der abendlichen Dämmer-

stunde stattfindet, scheint der Autor selbst für ein wenig ungewöhnlich und erläuterungsbedürftig gehalten zu haben. In den Entwürfen
findet sich die Erklärung, daß Lheureux Charles' Abwesenheit ausnut-
zen wollte. In Wirklichkeit aber war in der Abendstunde die Heimkehr
des Ehemanns gerade zu erwarten (wie aus der unmittelbar folgenden
Szene hervorgeht, in der sich Emma über Charles' späte Rückkehr wundert), während er tagsüber ja ständig unterwegs ist.

Doch zurück zu den eindeutigen Tatsachen. Ursprünglich hatte Flaubert nach Lheureux' Verschwinden noch einen Auftritt von Emmas
Dienstmädchen Félicité vorgesehen. Jubelnd sollte sie ihrer Herrin
ein soeben erhaltenes Geschenk des Modehändlers vorzeigen:

un beau foulard en cotonnade, dont M. Lheureux tout à l'heure venait
de lui faire cadeau. Cette oeuvre d'un génie rouennais et qui était
sur fond rouge, bariolée de foudres noires et avec personnages au
milieu eut pendant quinze jours un immense succès, grâce à sa portée
politique. On y voyait au milieu, agréablement représentés, M.Guizot
en habit noir, et la reine Pomaré toute nue, qui autour d'une table
ronde buvaient ensemble un verre de bière[55].

In einer anderen, noch früheren Fassung sind Guizot und die Königin
des neuerworbenen Protektorats Tahiti sogar "enlacés de deux
serpents"[56]. Dazu bemerkt Gabrielle Leleu, daß sie das Urbild dieses
Tuches im Musée Commercial in Rouen betrachten konnte. Sie schildert
es genau und stellt dann fest, daß Flauberts Wiedergabe eigentlich
"fort infidèle" sei[57]. Vergleicht man das Tuch mit der Beschreibung
Flauberts, so wird klar, in welche Richtung seine Stilisierung geht
-, vom Harmlos-Burlesken ins Grotesk-Infernalische. Die schwarzen
Blitze, die vollständige Nacktheit der Südseekönigin und erst recht
die Schlangen sind Zutaten Flauberts.

In der endgültigen Fassung ist nichts davon übriggeblieben, auf
Lheureux' Verschwinden folgt sofort Mme Bovarys Reaktion:

Emma se fit servir à dîner dans sa chambre, au coin du feu, sur
un plateau; elle fut longue à manger; tout lui sembla bon.
−Comme j'ai été sage! se disait-elle en songeant aux écharpes.
Elle entendit des pas dans l'escalier: c'était Léon[58].

Die Wirkung des teuflischen Besuchs ist eine indirekte: voll Selbst-
zufriedenheit gibt Emma sich der Gourmandise hin. Derselbe, den Erzähler immer wieder faszinierende psychologische Versuchungsmecha-
nismus liegt auch der 'Tentation de saint Antoine' zugrunde; in der
dritten und letzten Version scheint Flaubert sich fast wörtlich seiner 'Madame Bovary' zu erinnern. Auch dem Eremiten kommt plötzlich,
als der Teufel sich ihm nähert, seine armselige Lagerstatt weich
vor - "Elle lui semble douce" -, und nach der darauf folgenden, mit
knapper Not abgewehrten Versuchung denkt er selbstgefällig: "Ah! la

tentation était forte. Mais comme je m'en suis délivré!"[59]

Vergleicht man die Flaubertsche Szene noch einmal mit der biblischen, so springt der entscheidende Unterschied sogleich ins Auge.
Zwar wehrt Emma die drei Anläufe des Händlers tapfer ab, jedesmal
aber zeigt sie sich ein klein wenig interessierter. Und wieviel die
endgültige Zurückweisung sie gekostet hat, geht aus der ihrem Stoß-
seufzer "Comme j'ai été sage!" hinzugefügten, ebenso unscheinbaren
wie bedeutungsvollen, Bemerkung hervor: "en songeant aux écharpes".
Lange wird es nicht dauern, bis Mme Bovary sich eine der Schärpen
kauft.

Ebenso übergangslos wie die Schilderung von Emmas beginnender Liebe der Versuchungsszene Platz gemacht hat, schließt sich unmittelbar
danach der Besuch Léons an. Man sieht ihm mit Spannung entgegen, ist
es doch das erste Mal, daß die beiden zusammenkommen, seit die Heldin sich, tags zuvor, über ihre Verliebtheit klar geworden ist. Doch
es geschieht, was der Leser nicht erwartet: wieder ist sie "sage",
sie widersteht auch hier. Nie hat sie sich so kühl und abweisend gegenüber Léon verhalten, wie sie es jetzt tut. Musik könne sie nicht
mehr treiben, sie habe ihren Haushalt, ihren Mann, ihre Pflichten,
die vorgingen, so verkündet sie ihrem unangenehm überraschten Liebhaber. Da Charles sich verspätet, schaut sie besorgt auf die Uhr
und erklärt mehrmals "Il est si bon"[60]. Léon versucht, sie auf ein
anderes Thema zu bringen, Mme Homais, über die sie sich sonst zu amü-
sieren pflegen. Aber Emma nimmt sie plötzlich in Schutz und vertei-
digt sogar ihr verschlamptes Äußere: eine gute Mutter könne sich
nicht dauernd um ihre Kleidung kümmern. Genau wie in der vorangegangenen Szene mit dem Händler verraten auch hier nur wenige Einschübe
dem Leser, was Emma wirklich denkt und fühlt; so z.B. mit Bezug auf
Charles: "Alors elle fit la soucieuse".

Die so unvermittelt nebeneinanderstehenden Lheureux- und Léon-Sze-
nen sind kompositorisch aufeinander abgestimmt. Ihr gemeinsames
Stichwort heißt: "une lézarde dans le mur". Die Heldin reagiert auf
beiden Ebenen, der finanziellen und der erotischen, zwar abweisend;
doch die Seidenschärpen haben es ihr angetan, und im Grunde ihres
Herzens sehnt sie sich nach dem Besitz Léons. Das geht in beiden Fällen deutlich aus dem Text hervor, wird aber jedesmal dem Leser nur
indirekt und andeutungsweise zu verstehen gegeben. Es handelt sich
vorläufig ja erst um einen Riß in der Mauer[61], nicht mehr, und so
ist es auch nur konsequent, wenn allein der aufmerksame Beobachter
ihn wahrnehmen kann. Beide Szenen bedeuten ein und dasselbe: der er-

ste Akt im Drama der Versuchung hat sich abgespielt. Die Parallelität von Liebes- und Geldaffäre ist offenkundig beabsichtigt, sie spielt von nun an eine nicht unwichtige, bisher aber wenig beachtete Rolle. Der Aufbau des hier untersuchten Kapitels etwa wird überhaupt erst durchsichtig, wenn man diese Doppelgleisigkeit der Komposition be- rücksichtigt. Weder ist es angebracht, Flauberts Handlungsstruktur zu tadeln noch sie mühselig zu verteidigen -, was beides Léon Bopp tut, wenn er die Aufwartung des Liebhabers bei Emma als "assez inattendue" bezeichnet und meint, es handle sich hier um einen "écheveau un peu lâche", dann aber hinzufügt, das sei gar nicht schlimm, ein bißchen "lâche" sei besser als zu "rigoureux"[62].

Bereits im Jahre 1911 hatte Ernest Bovet in seinem Aufsatz über Flauberts Realismus einen "rapport intime, constant, entre les chutes d'Emma et son amour du luxe, c'est-à-dire ses dépenses, ses dettes" festgestellt. Es fällt sogar die Wendung: "Lheureux accompagne Emma comme un mauvais génie". Doch der Verfasser begnügt sich mit der unverbindlich-formalen Betrachtung: "Lheureux apparaît à des moments précis, comme un 'leitmotiv'"[63]. René Dumesnil, der in ähnlicher Weise auf den "rapport secret entre la débauche et le goût du luxe" hinweist, nennt den Händler ebenfalls ein Leitmotiv[64], ohne sich jedoch näher zu erklären. Weder Bovet noch Dumesnil bedie- nen sich ihrer Beobachtungen, um der Frage nachzugehen, in welcher Weise Liebeshandlung und Geldverwicklung zusammenhängen; eine Frage, die ja auch im Hinblick auf den Selbstmordentschluß Emmas von eini- ger Bedeutung ist. So konnte es zu so eigentümlichen Äußerungen wie derjenigen Thibaudets kommen: "Créature de passion, elle ne se tue pas pour une histoire d'amour, mais pour une affaire d'argent; elle n'est pas châtiée comme adultère, mais comme maîtresse de maison désordonnée"[65]. Noch Claudine Gothot-Mersch in ihrer vorzüglichen Arbeit übernimmt einfach die Bezeichnung "mauvais génie"[66] für den Wucherer und beschränkt sich auf die Feststellung, daß die beiden verschiedenen Themen, das der Liebe und das des Geldes, psychologisch miteinander verbunden seien. Nach der Lektüre des e r s t e n Ro- manteils kann man allenfalls den Eindruck gewinnen, daß Liebe und Luxus zweierlei thematische Komplexe sind. Nach der Schilderung der beiden aufeinander folgenden Besuche Lheureux' und Léons ist jedoch zu erkennen, daß es sich keineswegs um zwei, sondern nur um ein ein- ziges Thema handelt: dasjenige der Versuchung, das auf zwei verschie- denen Ebenen (voll geheimer Entsprechungen) abgehandelt wird. In der Gestalt des diabolischen Versuchers vereinen sich die beiden Ebenen,

er ist es, der, wie hintergründig auch immer, einem Auseinanderfal-
len des Romans in zwei Erzählstränge entgegenwirkt.

VOM MODEHÄNDLER ZUM VERSUCHER

Die Frage, wie der Wucherer zu seiner Doppelrolle kam und wie
sich das alte Versuchungsmotiv mit dem normannischen Provinzschick-
sal verband, führt zur Betrachtung der Romangenese.

Wer den ersten, etwa zwei Druckseiten einnehmenden, Handlungsentwurf von 'Madame Bovary' mit dem vollendeten Werk vergleicht, wird
zunächst erstaunt sein über die Folgerichtigkeit, mit der das von Anfang an Geplante ausgeführt wurde. Sehr präzise sind die einzelnen
Phasen des Geschehens bereits differenziert (auch wenn es hier schon
in der ersten Zeit in Yonville zu einem Verhältnis zwischen Emma und
Léon kommt); die verschiedenen Charaktere sind deutlich vorgezeichnet
(obgleich Homais noch fehlt), und es ist überraschend zu sehen, wie
detailliert Flaubert sich schon manches szenische Beiwerk vorgestellt
hat. Man scheint es nicht eben mit einer sehr wechselvollen Entste-
hungsgeschichte zu tun zu haben, aus der sich zusätzliche Interpre-
tationshilfen ohne weiteres gewinnen lassen. So zahlreich die erhaltenen Dokumente sind, der eigentliche Inspirations- oder Kristalli-
sationsprozeß entzieht sich dem Betrachter. Die Frage, wie der roman-
tisch bewegte Goethe-Nachfahre sein Scheitern mit der 'Tentation de
saint Antoine' verwand und sich mit dem so andersartigen Erzählvor-
haben befreundete, scheint kaum zu beantworten.

Einiges läßt sich jedoch rekonstruieren, wie Claudine Gothot-Mersch
in 'La genèse de Madame Bovary' gezeigt hat. Von ihren Ergebnissen
sei hier im wesentlichen nur das hervorgehoben, was für die Geschichte von Emma Bovarys Versuchung von Belang ist.

Mit großem Mißtrauen, so viel steht fest, ist der berühmten, von
Maxime du Camp geschilderten Szene zu begegnen: daß Flaubert im Herbst
1849 nach dem mißglückten Versuch, seine Freunde für die mit so viel
Inbrunst verfaßte 'Tentation' zu begeistern, von Bouilhet den Rat bekam, doch einmal im Bereich des Wirklichen zu bleiben und das Leben
des unglücklichen Wundarztes Delamare zu schildern; daß der von diesem Einfall sogleich besessene Dichter auf seiner Orientreise kaum
an etwas anderes denken konnte und bei den Nilfällen ausrief: "J'ai
trouvé! Eurêka! Eurêka! je l'appellerai Emma Bovary"[67]. Fast alle
Einzelheiten dieser Geschichte haben sich im Lauf der Zeit als ungenau
oder falsch erwiesen. Die Heldin etwa heißt in jenem ersten, aller
Wahrscheinlichkeit nach im Sommer 1851 nach der Rückkehr aus dem Ori-

ent entstandenen Plan noch keineswegs Emma, sondern Marie, wie das
Mädchen in 'Novembre' und später Mme Arnoux. Doch weit wichtiger sind
die erhaltenen Reisebriefe. Sie zeigen, daß Flaubert die Enttäuschung,
die er mit seiner 'Tentation' erlebt hatte, keineswegs rasch verwand,
daß sich der Abschied von diesem Lieblingswerk in zahlreichen und
sehr schmerzlichen Etappen vollzog, auf die eine Zeit völliger Un-
fruchtbarkeit folgte. Seiner Mutter schreibt er, immerhin ein halbes
Jahr nach jener literarischen Gerichtssitzung: "Je voudrais bien
imaginer quelque chose, mais (...) je ne sais quoi. Il me semble que
je deviens bête comme un pot"[68]. Und noch später an Bouilhet: "Je
suis sans plan, sans idée, sans projet"[69]. Erst im November 185o,
als er schon über ein Jahr lang unterwegs ist, meldet er dem Freund,
daß ihn drei verschiedene literarische Vorhaben beschäftigen -, die
alle nicht das geringste zu tun haben mit jenem Arzt aus dem Städt-
chen Ry und seiner frühverstorbenen Frau:

A propos de sujets, j'en ai trois (...): 1° 'Une Nuit de Don Juan'
(...); 2° L'histoire d''Anubis', la femme qui veut se faire aimer
par le Dieu (...); 3° Mon roman flamand de la jeune fille qui meurt
vierge et mystique entre son père et sa mère, dans une petite ville
de province, au fond d'un jardin planté de choux et de quenouilles,
au bord d'une rivière grande comme l'eau de Robec. (...) mon héroïne
crève d'exaltation religieuse après avoir connu l'exaltation des
sens[7o].

Diesen letzten Plan hat Flaubert später in einem Brief an Mlle de
Chantepie als Keim 'Madame Bovarys' bezeichnet. Er bittet die Empfän-
gerin, sich nicht gleichzusetzen mit Emma, "car c'est une nature
quelque peu perverse, une femme de fausse poésie et de faux sentiments"; und er macht ihr folgendes Geständnis:

Mais l'idée première que j'avais eue était d'en faire une vierge,
vivant au milieu de la province, vieillissant dans le chagrin et
arrivant ainsi aux derniers états du mysticisme et de la passion 'rê-
vée'. J'ai gardé de ce premier plan tout l'entourage (paysages et
personnages assez noirs), la couleur enfin. Seulement, pour rendre
l'histoire plus compréhensible et plus amusante, au bon sens du mot,
j'ai inventé une héroïne plus humaine, une femme comme on en voit
davantage. J'entrevoyais d'ailleurs dans l'exécution de ce premier
plan de telles difficultés que je n'ai pas osé[71].

So erweist sich, daß zwischen der harten Verurteilung des Dramas
durch die Freunde und dem Entschluß, 'Madame Bovary' zu schreiben,
nicht weniger als anderthalb Jahre des Suchens und Tastens liegen,
schließlich der verschiedenartigsten Projekte. Eines davon bezeichnet Flaubert als erste Konzeption seines Ehebruchromans, obgleich
die Hauptperson eine "vierge" sein sollte. Nach den kargen Angaben
kann man sich weder ihre religiösen Verzückungen noch ihre Sinnesex-
tasen und Anfechtungen genauer vorstellen, doch der Eindruck drängt

sich auf, "que la première idée risquait fort d'aboutir à une seconde 'Tentation de saint Antoine'"[72]. Der Einsamkeit der Wüste entspricht die Einöde der kleinen Provinzstadt, der Heilige ist zu einer jungen Mystikerin geworden, deren Exaltationen noch deutlich an die halluzinatorischen Versuchungen des Einsiedlers zu gemahnen scheinen. Andererseits aber hat die jungfräuliche Hauptfigur auch mit Emma Bovary schon Wichtiges gemeinsam: ihr Leben sollte sich im gleichen Milieu und auch wohl in der Gegenwart abspielen, und offensichtlich litt sie an derselben Grundspannung zwischen sehnsuchtsvollem Suchen nach anderer als irdischer Nahrung und der - mehrfach betonten - Enge des prosaischen Lebensrahmens. So ist der "roman flamand" als Bindeglied zwischen dem lyrisch-philosophischen Schauspiel und der psychologisch-präzisen Alltagstragödie von nicht zu unterschätzender Bedeutung. Während früher die Gegensätzlichkeit beider Werke die Kritik beherrschte, erweist sich nun immer deutlicher, daß der geistige Hintergrund des ersteren Eingang gefunden hat in das als Gegengift gedachte Muster realistischer Erzählkunst.

Die Dinge sehen gewiß erheblich anders und verwickelter aus, als sie der Jugendfreund und Reisebegleiter später so wirkungsvoll schilderte, und man würde heute kein Wort seiner Version mehr glauben, wenn nicht vor einigen Jahren ein Brief du Camps an Flaubert ans Tageslicht gekommen wäre, in dem es heißt: "Que décides-tu? Que travailles-tu? Qu'écris-tu? As-tu pris un parti? est-ce toujours 'Don Juan'? est-ce l'histoire de Mme Delamarre (sic) qui est bien belle?"[73]. Dieser Brief zeigt, daß immerhin der Kern der Szene aus den Erinnerungen du Camps auf Wahrheit beruht, daß tatsächlich von seiten der Freunde für die Geschichte der Delamare geworben wurde - wenn auch offenbar erheblich später (zumindest was das erfolgreiche Werben angeht). Das 'fait divers' von Ry[74] scheint Flaubert den Weg gewiesen zu haben, wie die geplante Provinzerzählung "plus compréhensible et plus amusante, au bon sens du mot" gemacht werden konnte.

Doch neben das eigene Sujet von der flämischen Einsiedlerin und jene wahre normannische Begebenheit treten noch andere Quellen, aus denen Flaubert schöpfte. So sehr auch das geistig-seelische Klima der mystischen Aspirationen und die dunkle "couleur" des alten auf der Reise erdachten Projekts als allgemeine Voraussetzungen anzusehen sind für die Versuchung von Mme Bovary, so ist die besondere Ausgestaltung dieses Themas wiederum von ganz anderer Seite beeinflußt worden, und zwar von einem höchst merkwürdigen, bis vor kurzem unbekannten Machwerk.

Sechs Jahre etwa vor Beginn der Arbeit an 'Madame Bovary' hatte eine gute Bekannte Flauberts, die geschiedene Frau des Bildhauers Pradier, sich von ihrem in erotischer und finanzieller Hinsicht gleichermaßen abenteuerlichen Lebenswandel zurückziehen müssen -, und Flaubert hatte sich ein Manuskript verschafft (das er vielleicht sogar selbst in Auftrag gab), in dem die Eskapaden und Geldnöte Louise Pradiers offenbar von einer 'confidente' festgehalten worden sind. Diese 'Mémoires de Madame Ludovica' hat Flaubert für seinen Roman benutzt, und manche Stelle, die ihn interessierte und die er übernahm, ist von ihm angestrichen. Was die Männerbekanntschaften anlangt, so sind sie dermaßen zahlreich, daß Mme Bovary in gar keiner Weise damit konkurrieren kann, obgleich es auch auf diesem Gebiet einige Parallelen gibt. Aber für die pekuniäre Verwicklung hat der Autor ausgiebig aus den Blättern geschöpft. Hier gibt es Wechsel über Wechsel und schließlich eine Zwangsversteigerung, von der der Ehemann nichts ahnte. Es gibt einen Geldverleiher, mit dem die Frau in Verbindung trat, "un épicier de vyldavray (Ville-d'Avray)qui fesait en même temps que son commerce ce lui d'escompteur"[75], und sogar einen, im letzten Moment scheiternden Versuch, zu einer Vollmacht, einer 'procuration', zu gelangen (mit einer gefälschten Unterschrift weiß die resolute Dame sich dennoch zu helfen). Auf die zahlreichen Gemeinsamkeiten einzugehen, ist nicht nötig; es steht außer Frage, daß für die Einzelheiten von Mme Bovarys Geldaffäre dieses Dokument von entscheidender Wichtigkeit ist.

Wenn sich Flaubert, wie aus der Korrespondenz ersichtlich, schon seit Mitte der vierziger Jahre für die Geschichte der "Ludovica" auf das lebhafteste interessierte, so wahrscheinlich deshalb weil sich das künftige Sujet längst in ihm zu formen begann: bekanntlich hatte Flaubert die erste Quelle seines Romans bereits als Jugendlicher selbst verfaßt. Die Erzählung 'Passion et vertu' des Sechzehnjährigen interessiert hauptsächlich deshalb, weil hier eine Pariser Giftmordangelegenheit aus der Zeitung (eine Dame der Gesellschaft tötete um des Geliebten willen Mann und Kinder und, da sie sich verlassen sieht, vergiftet sie am Ende noch sich selbst) in einer Weise umstilisiert wurde, die schon in zahlreichen Zügen an Emma Bovary und ihr Schicksal gemahnt; da ist die in einer anderen Welt lebende, unbefriedigte, anspruchsvoll-leidende Frau, der freundliche, ganz im Materiellen aufgehende Gatte, der langweilige, Haß erzeugende Ehealltag und

26

schließlich der skrupellose Liebhaber, der schon eine sehr fest um-
rissene Vorform Rodolphes ist, mitsamt seinem kaltblütig gefaßten
Verführungsentschluß und dem Abschiedsbrief.

Mazza Willers, die Heldin der Erzählung, schwärmt für Theater,
Poesie, Byron, ist ein Opfer ihrer Einbildungskraft, und sie kämpft
gegen den Prosaismus des Lebens, der sich in ihrem Ehemann verkör-
pert, konzentriert. Eine Art weiblicher Don Quijote mit männlichem
Sancho Panza an der Seite scheint Flaubert also von Jugend auf vor-
geschwebt zu haben, und es wäre reizvoll zu wissen, ob ihm etwa die
englischen Romane dieser Tradition bekannt waren. Hatte er 'Emma'
von Jane Austen gelesen? Claudine Gothot-Mersch geht auf diese Fragen nicht ein, und auch sonst scheint sich niemand damit befaßt zu
haben. Dabei ist es nicht undenkbar, daß die angelsächsische Verwandtschaft Pate gestanden hat bei der Taufe von Flauberts beiden
Heldinnen: Mazza Willers und Emma Bovary[76].

So führt die Betrachtung der literarischen Romanquellen einerseits
über das Urprojekt des "roman flamand" zur 'Tentation de saint
Antoine' und von dort über 'Smarh' letztlich hin zu Goethes 'Faust',
andererseits aber über die Jugenderzählung 'Passion et vertu' zu
Cervantes' 'Don Quijote'. Bei diesen beiden Endstationen handelt es
sich, wie man seit langem weiß, um die frühesten, entscheidenden literarischen Erlebnisse Flauberts; beide Leitsterne seiner Jugend haben 'Madame Bovary' zutiefst geprägt und ihre Einflußsphären sind
völlig ineinander übergegangen. Don Quijotes vergebliche Jagd nach
den aus Büchern gewonnenen Illusionen wurde eins mit dem faustisch-
unermüdlichen Streben nach einem besseren, höheren Glück, mit dem
raschen Auskosten aller Freuden und dem Unvermögen, zum Augenblick
sagen zu können: "Verweile doch, du bist so schön". Dabei ist freilich die metaphysische Sehnsucht Fausts von Flaubert ins Erotische
transponiert worden. Das aber geschah nicht erst in 'Madame Bovary',
sondern bereits in der Jünglingsbeichte 'Novembre' (und zwar nicht
nur bei der weiblichen Pendantfigur des Ich-Helden, sondern auch bei
diesem selbst) und sogar schon bei Mazza Willers in 'Passion et
vertu'. "Flaubert à l'école de Goethe"[77] - das hat sich vielleicht
in der immer wieder abgewandelten Grundhaltung der Protagonisten am
deutlichsten niedergeschlagen; eine Haltung, mit der sich der Erzähler einerseits identifiziert, und mit der er dennoch um ihrer Ver-
geblichkeit willen in ständigem Hader liegt.

Während man gegen Ende des vorigen Jahrhunderts in der Geschichte
der Delamare die Wirklichkeit zu erkennen glaubte, deren Rekonstruk-

tion sich Flaubert, als Heilmittel gegen den überbordenden Lyrismus der 'Tentation', mit äußerster Hingabe widmete, hat man seither nach und nach entdeckt (nicht zuletzt durch die Veröffentlichung von Jugendwerk, Korrespondenz und Arbeitspapieren), daß nahezu alle Elemente des Romans schon im Geist und sogar schon in den Schubladen des Erzählers schlummerten, als jene vielerörterte reale Begebenheit von außen an ihn herantrat und die "Inspiration" auslöste.

Nach dieser summarischen Schilderung der allgemeinen literarischen Voraussetzungen zurück zum ersten "scénario", wie die umfangreicheren Handlungsentwürfe im Anschluß an Flaubert genannt werden[78]. Bei dem reichen Material, das die 'Mémoires de Madame Ludovica' hinsichtlich der finanziellen Verwilderung einer leichtfertigen Ehefrau lieferten, ist es überraschend festzustellen, daß das Geld am Anfang eine vergleichsweise geringe Rolle spielte. Freilich standen zunächst andere Dinge im Vordergrund: die Entwicklung der Heldin und der Liebeshandlung sowie die psychologische Differenzierung der männlichen Hauptgestalten; auch mag der Autor, gerade weil er sich gut dokumentiert wußte, der pekuniären Verstrickung keine große Aufmerksamkeit geschenkt haben. Einen Lheureux gibt es zuerst jedenfalls ebensowenig wie einen Homais. Mme Bovary gleitet von einer Liebesenttäuschung in die andere, weit ausgeprägter noch als später im Roman: nicht nur, weil schon die erste Léon-Affäre hier zur Erfüllung führt (und in Enttäuschung endet), sondern auch die Ehe selbst ist stärker in diesen Prozeß miteinbezogen; die jungverheiratete Frau "aime d'abord son mari", was sich schon kurz danach verwandelt in "se laisse marier sans répugnance ni plaisir"[79]. So kann man im ersten Szenarium noch deutlich das Kompositionsschema der 'Tentation de saint Antoine' wiedererkennen: eine etwas lose Folge gleichartiger Episoden - und hierin besteht der nicht gleich zu entdeckende, aber vielleicht wichtigste Unterschied zu dem vollendeten Werk.In ihm verläuft ja die Ehegeschichte nicht eigentlich nach dem Muster Illusion/Desillusion; sie ist eher eine monotone Phase des Ennui und hat den Vorzug, Emma um so besser zu ihrem platonischen Liebeserlebnis mit Léon zu führen, das sie wiederum gerade durch seine Unerfülltheit reif macht für den Ehebruch mit Rodolphe, bei dem der Grundrhythmus von Erwartung und Enttäuschung erst voll ausschwingen darf. Das ausgiebige Planen hat bewirkt, daß das Nacheinander allmählich zu einer folgerichtigen Entwicklung zusammenwuchs, die eigentliche Handlung setzte immer später ein, Exposition und Vorbereitung wurden immer ausgedehnter und sorgfältiger. Dieselbe

Tendenz zeigt sich auch bei der Handhabung der finanziellen Krise,
wenn es, kaum daß Emma verheiratet ist, in dem sonst in diesem Punkt
so zurückhaltenden ersten Handlungsentwurf heißt: "elle apporte peu
à peu dans la maison plus de luxe que le revenu n'en comporte", dann
aber in einer Anmerkung alles wieder zurückgenommen wird: "ceci
développé plus tard - à cette époque elle en est encore au rêve et
à l'ennui"[80]. Zugleich zeugt der Entschluß, die Geldaffäre erst später beginnen zu lassen (nicht während Emma sich noch passiv in träu-
merischer Weltschmerzstimmung befindet), von der gewiß naheliegenden
Absicht, Liebeshandlung und Geldverwicklung in eine vage parallele
Beziehung zu setzen.

Nach dem frühen Hinweis auf die Verschwendungslust der jungen
Ehefrau ist von Geld und Luxus nicht mehr die Rede im ersten Entwurf, und erst als die Zeit der berauschenden Reisen nach Rouen an-
hebt, werden kostspielige Bedürfnisse und Rechnungen noch einmal erwähnt. Das letzte Drittel dieses Plans sieht folgendermaßen aus:
voyages à Rouen jeudis - l'Hôtel d'Angleterre - plein - flambant -
    désespoir de la sensualité du comfortable (sic) non assouvie (le
besoin d'un bien-être général est développé par l'amour heureux -
le désintéressement de la matière n'est qu'au commencement des
passions) auquel se vient joindre le besoin poétique du luxe - vie
pécheresse
    lecture de romans (au point de vue de la sensualité imaginative)
dépenses - les mémoires de fournisseur! -
    vide de coeur pour son amant à mesure que les sens de développent.
vertige. - elle ne peut pourtant aimer son mari.
    recoup avec le Capitaine - qui l'envoie promener.
    elle tâche de revenir à son mari - elle l'estime et s'aperçoit de
l'abîme
    dernière baisade avec Léopold - Suicide
    maladie. -
    sa mort.
    veillée de la morte - après-midi pluvieux diligence qui passe
sous la fenêtre ouverte -
    enterrement -
    vide solitaire de Charles avec sa petite fille - le soir. il
s'aperçoit (sic) de jour en jour des dettes de sa femme. Le maître-
clerc se marie -
    un jour que Charles se promène dans son jardin il meurt tout à
coup - sa petite fille aux écoles gratuites[81].

Auf den ersten Blick mag das beinahe wie eine Inhaltsangabe des
fertigen Romans wirken -, sogar der Donnerstag ist schon für die
Rouen-Reisen gewählt! Gewissenhaft wird Emmas letztes Stadium vor
der Katastrophe motiviert. In dieser fortgeschrittenen Phase ihrer
Beziehung zu dem Notarsgehilfen empfindet sie das Fehlen eines groß-
zügigen Ambiente als besonders schmerzlich; eine typische Reaktion,
sagt Flaubert, denn nach den ersten idealisch-sentimentalen Prälu-
dien legt der Liebende auf sinnliches Behagen jeder Art mehr und

mehr Wert. Dieser allgemein menschlichen Neigung erliegt Mme Bovary
um so eher, als sie von jeher ein 'poetisches' Bedürfnis nach Luxus
gekannt hatte, d.h. ein Verlangen nach dem Schönen, Überflüssigen, An-
regenden, wie es ihrem an Illusionen hängenden, am Prosaismus des All-
tags leidenden Wesen entsprach. Beides potenziert sich, die allgemeine, situationsbedingte Gemüts- und Sinnenverfassung ist der Grund, auf
dem sich jene persönliche Veranlagung voll entfaltet; dazu kommt noch
die ebenfalls das Sinnenleben stimulierende Romanlektüre. Das alles
führt zu einem Dasein ausgiebiger Verschwendung, einer "vie pécheresse".
Der in wenigen Zeilen zweimal vorkommende Ausdruck "sensualité" verbindet die drei entscheidenden, auf den Höhepunkt zusteuernden Motive: Ehebruch, Romanlektüre, Verschwendungssucht.

Ein bemerkenswerter Unterschied zur endgültigen Romanfassung fällt
bei genauer Betrachtung jedoch ins Auge. Der totale finanzielle Zusammenbruch mit Zwangsversteigerung war offensichtlich noch nicht vorgesehen, nur das Ausrufezeichen nach "mémoires de fournisseur" (wobei
es sich nicht um eine Vorform Lheureux', sondern um mehrere Geschäfts-
leute in Rouen handelt, bei denen Mme Bovary Schulden gemacht hat)
deutet an, daß die Summe beträchtlich, die Situation bedrohlich geworden ist[82]. Doch wie viel oder wenig das Ausrufezeichen besagen mag,
den Selbstmordentschluß beeinflußt die pekuniäre Lage in gar keiner
Weise. In dieser Hinsicht muß die Endphase, der Gipfel des Geschehens,
in seiner ersten Gestalt den Betrachter überraschen. Vor ihrer Ver-
zweiflungstat wandte sich Mme Bovary, "vide de coeur pour son amant"
und nach erneutem erfolglosen Bemühen, ihren Mann zu lieben,noch einmal
dem ersten Liebhaber zu;dann versucht sie es wiederum vergebens mit
Charles und hatte schließlich eine letzte Szene mit Léopold. In dieses verzweifelte Hin und Her spielte die Geldaffäre überhaupt nicht
mit hinein; alles kreist um die Begriffe "vide de coeur", "ne peut
pourtant aimer", "tâche de revenir" usf. Das Finale dieses Lebens
sollte ein Furioso werden, die Beziehung zu jedem der drei Partner
einem dramatischen Ende zulaufen, dreimal landet Mme Bovary gleichsam
in einer Sackgasse ("impasse" heißt es in einem anderen Entwurf), und
die Einsicht in die "impossibilité du bonheur" allein sollte unmittelbar zum Selbstmord führen[83]. Derselbe bewegte Rhythmus bestimmt auch
die entsprechenden Szenen des vollendeten Romans. Doch es ist die Notwendigkeit, sich mehrere tausend Franken beschaffen zu müssen, die
Emma von einem zum anderen und schließlich zu Rodolphe eilen läßt.
Bei einem unbefangen Interpretierenden kann der Eindruck entstehen,
die sich zuspitzende Finanzkrise sei überhaupt erfunden, um der Heldin

einen akuten, dringlichen Anlaß zum Selbstmord zu liefern. Daß es
sich so nicht verhält, zeigen die ersten Entwürfe, in denen es schon
Schulden und bald sogar einen völligen finanziellen Ruin gab, ohne
daß die Geldsorgen bei der eigentlichen Katastrophe auch nur erwähnt
würden. Auf den Einfall, es so einzurichten, daß neben einer plötz-
lichen "envie de revoir Rodolphe"[84] auch die Finanzmisere den Besuch
motiviert, kam Flaubert erst nach Abfassung seines letzten, vor der
Niederschrift des Romans entstandenen Szenariums. Hier heißt es in
einem Zusatz: "Qu'une affaire d'argent soit mêlée à sa dernière
visite à Rodolphe. - sentiment complexe - c'est un dernier recours
général"[85]. Rodolphe wird also als letzte Ressource für die doppelte
Not, die innere wie die äußere, angesehen, auch die letztere ist nun
von Belang in der Entwicklung zum bösen Ende hin. Die pekuniäre Verstrickung vereinigt sich an dieser Stelle mit der Haupthandlung; die
bisher parallel laufenden Erzählstränge treffen am Schluß zusammen.
Damit erhält die Geldaffäre entschieden ein größeres Gewicht -, während sie zunächst offenbar kaum mehr sein sollte als passende Hinter-
grundmusik zu den verzweifelten Versuchen der Heldin, ihre Träume zu
realisieren.

Manches weist schon in diese Richtung in den verschiedenen Plänen,
Skizzen und Notizen, die zwischen diesen beiden Gesamtentwürfen, dem
ersten und dem letzten, liegen. In einem der nächsten Pläne, der fast
doppelt so ausführlich ist wie der erste, wird schon eine "progression
de la débâcle financière" erwähnt, und die Schulden, die Charles
nach Emmas Tod entdeckt, sind "effrayantes". Aber ein Zusammenbruch
findet nicht statt, und den Selbstmord motiviert wieder einzig und
allein die "désillusion"[86]. Zu Emmas Verschwendungssucht gibt es hier
noch eine Randbemerkung voll anschaulicher Einzelheiten, die fast
alle beibehalten wurden:

elle ne porte plus que des chemises de baptiste (sic) - parfums -
frémit de volupté en sentant lorsqu'elle se peigne ses cheveux sur
ses épaules — fait longuement sa toilette - devient gourmande[87].

Aber auch in das aus dem ersten Szenarium streckenweise ganz wörtlich
übernommene Handlungsgerüst hat sich ein interessanter Zusatz einge-
schlichen:

l'habitude de baiser la rend sensuelle - le désespoir du comfortable
non assouvi vient étayer le besoin poétique du luxe - vie pécheresse
- amour de l'adultère, au sens adultère et de la tromperie - (...)
les dépenses - les mémoires de fournisseur[88].

"Amour de l'adultère, au sens adultère et de la tromperie"... Ein
ausschweifendes Sündendasein war von Anfang an das Ziel, dem das erst
so ereignislose Leben der ennuikranken Heldin zusteuert, das verlangte

schließlich das einmal gewählte Sujet. Über dessen Erfordernisse
geht Flaubert jedoch weit hinaus, wenn er Mme Bovary das Laster, dem
sie anheimfällt, um seiner selbst willen in vollen Zügen genießen
läßt. Damit kommt eine neue Nuance in den Schlußteil der Entwürfe,
eine gewisse 'Fleurs du Mal'-Atmosphäre, ein Schwelgen im Bösen, von
seiten der Heldin wie des Autors.

"Abîme en dedans - abîme au dehors"[89], so wird die letzte Periode
unmittelbar vor der Katastrophe in der nächsten, äußerst knappen In-
haltsskizze charakterisiert. Das Bild vom doppelten Abgrund zeugt
wieder von einem Bemühen um Parallelität beider Handlungsebenen; dabei mag es Flaubert bewußt geworden sein, wie wenig er sich bisher
um den "abîme au dehors" gekümmert hat. Jedenfalls stellte er sich
offensichtlich angesichts dieses Plans die Frage, wie es denn eigentlich zu solchem Debakel kommen sollte. Das Blatt ist nämlich nachträglich mit der Bemerkung versehen worden: "Usurier de village lié
aux intérêts d'argent d'Emma". Dem wurde zuletzt noch ein weiterer
Satz hinzugefügt: "C'est le maître du petit magasin de nouveautés de
Yonville". Für sich betrachtet, scheint diese knappe Bemerkung nichts
weiter zu sein als die Lösung der rein erzähltechnischen Aufgabe, die
Beziehungen zwischen der weiblichen Hauptfigur und dem Geldverleiher,
bei dem sie unmerklich tief in Schulden geraten sollte, möglichst
einfach und ungezwungen herbeizuführen. Bedenkt man aber, daß in der
für die Geldaffäre maßgeblichen Quelle, den 'Mémoires de Madame
Ludovica', der "escompteur" ein "épicier" war, so kann die Wahl des
Modehandels auch wie eine recht bemerkenswerte Korrektur der Realität anmuten, eine nicht untypische Konzentrierung, Literarisierung
des biographischen Materials. Denn ein Krämer wäre nichts als eine
neutrale, glanzlose Geldquelle gewesen, der Modehändler jedoch stellt
für die den Luxus liebende Heldin schon per se eine Versuchung dar.

Aber davon ist hier noch nichts zu spüren. Und als der Wucherer
in den letzten vor Arbeitsbeginn angefertigten Handlungsentwurf einbezogen wird, taucht er nur unmittelbar vor der dramatischen Zuspitzung kurz auf. Emma, "très savante en voluptés" und voller
"volcans de haine" gegenüber Charles, trägt nur noch die schon zi-
tierten "chemises de baptiste", verzehrt mit Vorliebe delikate und
perverse Speisen und gibt sich in jeder Beziehung völlig ihren
"appétits dépravés" hin:

le désespoir du comfortable non assouvi vient étayer le besoin
poétique du luxe - rage de la dépense - gâchis déguisé - Mr Jean-
Baptiste L'heureux, marchand de nouveautés, usurier prête de l'argent
à Me Emma - le besoin du mensonge se développe en elle - elle jouit

de tromper - dans sa passion avec Rodolphe elle faisait lit à part -
maintenant elle recouche avec Charles et le caresse même - accapare
l'argent des cliens (sic) - les fournisseurs! - habitude de l'orage
- 9o.

Eine zusätzliche Eintragung lautet: "Procuration d'Emma à
l'instigation de L'heureux"[91]. Fast Wort für Wort ist der zitierte
Absatz dem unmittelbar vorhergehenden Plan entnommen, nur die Einführung des Händlers ist hinzugekommen. Viel ist es nicht, was man
über ihn erfährt, doch eines wird deutlich: Das finanzielle Desaster
geht Hand in Hand mit einer totalen allgemein-moralischen, sogar
sexuellen Verwilderung (Emma meidet Charles nicht mehr, obwohl sie
ihn mehr denn je haßt); ein ganzer Schwarm von Lastern und Lieder-
lichkeiten hat sich allmählich eingestellt. Das besinnungslose Ver-
schwenden ist unlöslich verbunden mit dem unabwendbaren sittlichen
Niedergang der Heldin, dem völligen Verlust ihres Gleichgewichts,
ihrem rettungslosen Abgleiten in Sünde, Chaos, Tod. Die Absicht, Emmas "vie pécheresse" zu veranschaulichen, hat nach und nach einen
regelrechten Reigen der Todsünden auf den Plan gerufen, wie er auch
den heiligen Antonius so hartnäckig umringt:Luxure, Gourmandise,
Colère, Avarice...[92]. Und auf diesem Boden gedieh die Figur des
Wucherers.

Sein Vorname, der im Roman selbst nicht mehr genannt wird, ist
auffallend und verdankt seine Entstehung vielleicht den falsch geschriebenen Battisthemden, die Emmas überfeinerte Verwöhnung demon-
strieren; auch könnte Ironie im Spiele sein, wenn gerade der Modehändler den Namen des großen Asketen in der Wüste erhielt. Der Nachname jedenfalls, der sich nur in der Schreibweise leicht ändern wird,
ist, wie so viele andere, von ironischer Symbolik. So ist der Apotheker, der zum selbstzufriedenen Kleinbürger reduzierte Mensch, ja eigentlich ein "hommet"; zum Pferdeknecht Hippolyte gehört sogar eine
Artémise, die ebenfalls im "Lion d'or" angestellt ist (die schlichte
Jagdgöttin wird zuerst gezeigt, wie sie den Hühnern im Hof nachsetzt,
um ihnen den Hals umzudrehen), Emmas Mädchen heißt Félicité, ein Name
den die Heldin von 'Un coeur simple' mit sehr viel größerem Recht
bezüglich der Ironie tragen wird, und beide Mägde haben einen Freund
namens Théodore. Ursprünglich sollte Rodolphe so heißen; vermutlich
schien aber Flaubert die Tatsache, daß er für Emma kein Gottesgeschenk
ist, zu offenkundig und die Symbolik zu durchsichtig. Jedenfalls hat
er, wohl um keine wandelnden Allegorien zu schaffen, Abstand davon
genommen, die vier Hauptpersonen symbolisch zu benennen. Charles,
Emma, Rodolphe und Léon sind unverfängliche Vornamen, und der von

'bos', 'bovis' abgeleitete Nachname[93] ist hinreichend verfremdet
(Leboeuf heißt dagegen eine gar nicht auftretende Nebenfigur, jene
vorteilhafte Partie, die Léon nach Emmas Tod macht). Lheureux nun ist
von Anfang an derjenige, der,"lié aux intérêts d'argent d'Emma", als
Sieger aus der Tragödie hervorgeht (noch bevor ein Aufstieg Homais'
geplant war); er profitiert von Emmas Debakel, ihr Unglück ist sein
Glück. Im Roman selbst ist sein Sieg weit umfassender: "Tout,
d'ailleurs, lui réussissait", heißt es dort, und seine Geschicklichkeit werde ihm bald "tout le commerce d'Yonville" in die Hände spielen[94] - man könnte dabei an einen von Flauberts Weisheitssätzen denken: "Décidément le Diable, en ce monde, a le dessus"[95]. Ob dergleichen hier schon mitschwingt, läßt sich nicht entscheiden; die Schlech-
testen schwimmen oben, ihnen geht es immer am besten, das ist ganz
allgemein die bittere Erkenntnis, die hinter dieser Namenswahl
steht[96]. Denn schlecht, bar jeden Skrupels ist der Einflüsterer des
unseligen Vollmachtplans ja wohl schon ohne allen Zweifel. Mag er
auch noch weit davon entfernt sein, einen regelrechten Versucher ab-
zugeben, da Mme Bovary längst ihrem Untergang entgegentreibt, als er
zum ersten Male auftritt -, zu ihrem "mauvais génie" ist er bereits
avanciert. Übrigens taucht noch ein anderer böser Geist im letzten
Teil dieses Szenariums erstmalig auf: der "mendiant dans la côte du
Boisguillaume"[97], der seinerseits wohl von Anfang an in erster Linie
übertragene Bedeutung besitzt. In dem Bestreben, die verzweifeltste
und wildeste Phase in Emmas Leben auch personell passend auszustaf-
fieren, entwarf Flaubert den elenden, unheilverkündenden Bettler am
Wegesrand sowie den mit Modewaren handelnden Verderber; später werden sich andere unheimliche und zwielichtige Gestalten hinzugesellen.

Man wird sich gewiß hüten müssen, aus der Perspektive des fertigen
Romans heraus Dinge latent zu sehen, die noch gar nicht vorhanden
sind; manches hat sich offensichtlich auch zusammengefunden und ist
erst später mit einer bestimmten Bedeutung bedacht worden. Beobachtet
man aber, wie der Autor gegen Ende der Szenarien mehr und mehr dazu
neigt, die lange gesperrten Schleusen zu öffnen und fast mit der Intensität seiner Jugendversuche in Sünde, Exzessen, Exaltationen zu
schwelgen[98], so wird man wohl zu dem Ergebnis gelangen, daß der in
dieses Milieu hineingestellte Wucherer schon alle Voraussetzungen
mitbrachte, um eines Tages als ein Teufel in Menschengestalt zu erscheinen - "un de ces êtres sataniques et bizarres tels qu'Hoffmann
en déterrait dans ses songes".

34

Der Entschluß, die Geldgeschichte aus dem Anfang des Romans herauszuhalten, brachte es mit sich, daß über ein Jahr verstrich, ehe Flaubert sich näher mit ihr befaßte. Nach Vollendung des ersten Teils wurde der zweite noch einmal gesondert skizziert; dabei stand das heikle platonische Verhältnis mit Léon zunächst ganz im Vordergrund, und Lheureux wurde nur eben erwähnt, als zum Einwohnerinventar Yonvilles gehörig. Im ersten Kapitel des zweiten Teils wird er dem Leser schon kurz vorgeführt; er befindet sich nämlich in der Kutsche, die das Ehepaar Bovary nach Yonville bringt. Als dann die ersten drei Kapitel fertig sind, macht sich Flaubert erneut eine Skizze für die folgenden. Da er sich nun der Mitte seines zweiten Romanteils nähert, versteht es sich fast von selbst, daß er allmählich darangeht, die geplante Verschuldung der Heldin vorzubereiten, zumal sie in ihrem Verhältnis mit Rodolphe zum ersten Mal in jeder Beziehung aus dem vollen schöpfen darf - und es sich ohnehin nicht empfiehlt, allzu spät Motive und Personen in die Erzählung einzuführen, die am Ende eine nicht geringe Rolle spielen werden. Es wäre, wie die Dinge lagen, wohl nichts einfacher gewesen, als Emma in der Zeit ihres Liebesglücks mit Rodolphe allmählich mehr und mehr kaufen zu lassen (aus allgemeiner Hochstimmung und selbstverständlich auch, um sich zu schmücken; ebenso der Geschenke wegen, mit denen sie ja, den Szenarien zufolge, den Geliebten zu seinem Unmut immer fester an sich zu binden sucht). Diese natürliche Ordnung aber: Liebesüberschwang und daraus resultierendes, sich steigerndes Luxusbedürfnis (eine Reaktion, von der Flaubert selbst in seinem ersten Plan mit Worten von sentenziöser Allgemeingültigkeit gesprochen hatte), diese Reihenfolge wird hier verschmäht, denn es geht dem Erzähler keineswegs allein um psychologische Wahrscheinlichkeit.

Zu Beginn des Jahres 1853 entwirft Flaubert einen detaillierten Plan für das 4. und die folgenden Kapitel; zum ersten Mal wird dabei der entscheidende Auftritt des Händlers kurz erwähnt. Wie später im Roman, entdeckt Emma bei dem Winterspaziergang mit dem Apotheker ihre Liebe zu Léon; sie hat ein "mouvement de joie", aber auch "peur, vertige". Der Absatz schließt: " se gendarme, repousse Léon qui recule". Darauf folgt, in einem neuen Absatz, Emmas zerrüttete seelische Verfassung: sie liebt Léon und haßt Charles, aber "se pose en martyre" und sie empfindet "orgueil de la femme honnête".Zwischen beide Absätze wurde nachträglich eingeschoben: "visite de L'heureux qui vient tâter le terrain et apporte des petits cachemires - des bourses algériennes"[99].

Die Händlerszene wurde also von vornherein an jene kritische Stelle gesetzt, da Emma ihren Zustand ("adultère moral") erkennt und die "lézarde dans le mur", wie es später heißen wird, sich offenbart.

Bei genauerer Betrachtung des ganzen Entwurfs entdeckt man jedoch, daß dieser Auftritt ursprünglich im Geist des Verfassers etwas anders ausgesehen haben muß als in der Endfassung. Eine "bourse algérienne" hat Emma nämlich in den Haaren, als die Rodolphe-Affäre beginnt, und diesen Kopfschmuck hat sie offenbar dem Wucherer abgekauft[100]. Anders als Léon wurde also Lheureux keineswegs ganz und gar zurückgewiesen. Und was den Liebhaber anlangt, so hat Emma ihn bereits v o r dem Erscheinen des Händlers von sich gestoßen ("repousse Léon qui recule"). Zwei Abweichungen gegenüber der endgültigen Romanfassung sind also festzustellen: noch vor dem Besuch des Wucherers fand ein Zusammensein mit Léon statt, d.h. die Reihenfolge der Szenen ist eine andere; und außerdem hat Lheureux Erfolg, die beiden Szenen decken sich noch nicht in der Weise, wie das später der Fall sein wird. Eine Beziehung zwischen Geld- und Liebesgeschichte ist offenkundig, Flaubert dachte aber wohl eher an eine Entsprechung von finanzieller Unordnung und Ehebruch mit Rodolphe als an parallel laufende abgewehrte Versuchungen, so sehr die Plazierung des Lheureux-Auftritts und die Formulierung "tâter le terrain" - von Léons Besuch heißt es einmal: "tentative de Léon"[101] - auch durchaus schon in diese Richtung weisen.

"Le préfet - bourse algériennes (sic) dans les cheveux. résolutions de Rodolphe"[102], das ist alles, was man zunächst über das später so ausladende Kapitel der "Comices agricoles" erfährt. Es ist klar, daß dem völlig vereinzelten Garderobendetail, das für Rodolphes Liebesentscheidung mitverantwortlich ist, in den Augen Flauberts eine beträchtliche Bedeutung zukommt. Wenn es auch zuerst vielleicht keine andere Aufgabe hatte, als Mme Bovarys Koketterie oder einfach ihre Wirkung auf den künftigen Liebhaber zu illustrieren, seit sie es bei dem Wucherer gekauft hat und diese Szene in die Handlung einbezogen wurde, ist es zum ersten Indiz des beginnenden Untergangs geworden. Bemerkenswert ist, daß die fatale "bourse" Emmas Haupt bereits ziert, als sie Rodolphe noch nicht liebt, vielmehr erst seine Liebe weckt; die Anschaffung ist nicht eine Folge jener glücklichen Phase der Erfüllung, wie es die meisten Erzähler wohl schildern würden, in der Absicht, Mme Bovarys allmähliche Verschuldung dem alle Hemmungen überwindenden Rodolphe-Erlebnis zwanglos anzuschließen. Flaubert dagegen setzt die Modeware als ein das Abwärtsgleiten ankündigendes

Signal ein. Und ebenso verfährt er im Grunde mit dem Modehändler
selbst. Wenn dieser gerade erscheint, nachdem der Liebhaber zurück-
gestoßen wurde, selbst aber nicht abgewiesen wird, so nimmt er damit
ebenfalls die nächste Phase der Entwicklung vorweg, in der Emmas
Widerstand (vor Rodolphe) dahinschmilzt. Kaufmann und Kopfschmuck
haben offensichtlich dieselbe Funktion, sie sind Vorzeichen der sich
anbahnenden Katastrophe. Die finanzielle Seite der Geschichte verbindet sich mit dem Liebesdrama, antizipiert es und wird so immer
symbolträchtiger.

Das ist auf dieser Stufe der Vorarbeit nur andeutungsweise enthal-
ten, denn nicht das fünfte, sondern das vierte Kapitel, das den Höhepunkt der uneingestandenen zärtlichen Beziehungen zwischen Emma und
Léon bringt, steht im Zentrum des Entwurfs (alles übrige ist mehr
oder weniger summarisch vorausdisponiert). Als die Seiten dann geschrieben sind, auf denen der schüchtern-schwärmerische "commerce de
livres, musiques, plantes grasses"[103] in feinen Nuancen geschildert
wird und der Augenblick endlich heranreift, in dem Emma sich ihrer
Lage bewußt werden soll, macht Flaubert noch einmal eine Pause
(Reise nach Paris vom 5. bis 15. 2. 1853). Vor seiner Abreise berichtet er Louise Colet, wie weit er in seiner Arbeit gediehen ist[104],
und fügt hinzu: "Quand je serai revenu de Paris, je m'en vais ne pas
écrire pendant quinze jours et faire le plan de toute cette fin
jusqu'à la baisade, qui sera le terme de la première partie de la
deuxième"[105]. Zwei Tage nach seiner Rückkehr macht er sich, wie an-
gekündigt, ans Planen: "je rêvasse à l'esquisse, j'arrange l'ordre";
und nach gut zwei Wochen heißt es: "j'ai fait, depuis que nous nous
sommes quittés, huit pages", das fünfte Kapitel scheint fertig[106].
Einen Monat später aber, Anfang April, befindet er sich noch immer
erst am Anfang des sechsten, denn er seufzt: "Voilà six mois que je
fais de l'amour platonique, et en ce moment je m'exalte catholiquement
au son des cloches, et j'ai envie d'aller en confesse!" Die Arbeit
geht besonders langsam voran; die erste Hälfte des mittleren Romanteils, in der alles heranreifen soll und noch nichts stattfinden
darf, ist ein prekäres, alle Umsicht erforderndes Manöver, und es
wirkt in mehr als einer Beziehung treffend, wenn der Erzähler, als
temperamentvoller Briefschreiber, schimpft: "ce satané mouvement"[107].

In dem neuen Plan nun, den Flaubert in der zweiten Februarhälfte
für das fünfte und die folgenden Kapitel machte, wurde gewohnheits-
gemäß der Abschnitt bezüglich Lheureux' zuerst einfach übernommen
(nach "repousse Léon"), dann aber eingerahmt "en vue de son déplace-

ment"[108], und schließlich ist er in einer Randnotiz sowohl vorverlegt
als auch modifiziert worden. Nach der Entdeckung ihrer Liebe und dem
"mouvement de joie" soll Emma nun auf die (vorher noch nicht erwähnte)
Abendgesellschaft verzichten, bei der doch auch Léon anwesend ist:

elle ne va pas le soir chez Homais
le lendemain visite de L'heureux - si elle voulait mais elle est
sage - le soir visite de Léon[109].

So erforscht Lheureux nun das Terrain gleich nach der Schilderung
der ersten Ehebruchsanwandlung und nicht erst, als Emma dem Liebhaber gegenüber schon Widerstand geleistet hat. Und hauptsächlich:
Madame Bovary "est sage", so schwer es ihr fällt; die beiden Besuche
sind parallel geschaltet. Die Lheureux-Szene ist, zumindest im kon-
kreten Bereich, zu einer abgewehrten Versuchung und damit tonangebend
geworden für die Reaktion im Gefühlsbereich, die auf diese Weise vorweggenommen wird.

Doch auch bei der Niederschrift selbst sind noch zwei verschiedene
Etappen zu unterscheiden. Im ersten Stadium faßte Mme Bovary an jenem
einsamen Abend in einem langen Monolog den Entschluß, Léon platonisch
zu lieben und sich für Charles aufzuopfern. Nach clichéhaften Liebes-
phantasien, in denen ihr etwa ein Tigerfell und ein Morgenrock mit
blauem Revers vorschwebt, versteigt sie sich zu pathetischen Tugend-
tiraden, "accumula en toute hâte mille résolutions vertueuses"[110];
am nächsten Tag weist sie dann nacheinander Lheureux und Léon zurück. Als aber die Versuchungsszene geschrieben war, sah Flaubert
sich veranlaßt, das große Selbstgespräch zusammenzustreichen, nur
die ursprünglichen Einleitungssätze blieben stehen:

Alors commença l'éternelle lamentation:"Oh! si le ciel l'avait
voulu! Pourquoi n'est-ce pas? Qui empêchait donc?..."[111]

Es sieht gar nicht so aus, als handele es sich bei diesem Rest (der
gar kein Monolog mehr ist, sondern nur eine Andeutung stereotyper
Wendungen) noch um so etwas wie "résolutions vertueuses". Der
Rhythmus der Empfindungen ist, genau besehen, durch die Streichung
geradezu umgekehrt worden: während zuerst dem Liebestaumel der etwas
hektische Tugendentschluß folgt, ist jetzt nur noch ein fortschrei-
tendes Weichwerden zu spüren. Weder ein tatsächlicher noch auch nur
ein geplanter Widerstand gegen Léon findet hier vor dem Besuch des
Wucherers mehr statt. Und es ist das Stichwort "enchantement nouveau",
das den Auftritt Lheureux' unmittelbar auf den Plan ruft. Man könnte
sich fragen, ob nicht erst hier, zum Zeitpunkt der Niederschrift, die
Szene und die Gestalt des Wucherers mephistophelisch-hoffmanneske
Züge annahmen und Lheureux zum Versucher wurde.

38

Aber so weit wird man nicht gehen dürfen. Denn dagegen spricht die Tatsache, daß der Händler bereits von dem Augenblick an, da die "visite de L'heureux" geplant ist, in auffälliger Weise für seine zukünftige Rolle prädestiniert erscheint. Schon der absichtsvolle Probebesuch als solcher mutet von seiten eines gewöhnlichen Kaufmanns als recht umständlicher und überflüssiger Akt an. Ein allmähliches Hineingleiten Emmas in Schulden war durch ihre luxusfreudige Veranlagung längst hinreichend motiviert, und eine Vorstellung Lheureux' in seinem Laden, seinem Milieu, wo eine Begegnung mit der Kundin sich von selbst ergeben hätte, wäre weit natürlicher und plausibler gewesen. Statt dessen muß er traditionsgetreu bei ihr erscheinen, mit einer Schachtel, aus der er Kostbarkeiten hervorzieht. Vor allem aber ist es die Stellung innerhalb des Seelendramas, die der Szene von Anfang an zugedacht ist (wenngleich noch eine fortschreitende Zuspitzung festzustellen ist), die darauf hinweist, daß es sich bei Lheureux nicht mehr nur um den wirklichkeitsgetreu dargestellten Typ des "usurier de village" handeln sollte, wie ein Realist ihn wohl schildern mochte. Flaubert hat seinem Kaufmann - und dessen Ware - von vornherein einen unverkennbar beziehungsvollen Einzug in die Geschichte verschafft.

Ebenso fest steht andererseits, daß zur Zeit der Romankonzeption, in den Szenarien, Jean-Baptiste L'heureux noch keineswegs ein Versucher war, sondern allenfalls, im letzten Stadium der Handlung, als Initiator der verhängnisvollen "procuration", ein den Untergang vorantreibender Verderber; gemeinsam mit dem als "monstre"[112] bezeichneten Bettler möglicherweise eine zwielichtige Gestalt dämonischen Einschlags, wie sie sich in eine Dichtung, die in Sünde, Verfall, Tod und allgemeiner Auflösung gipfelt, seit der Romantik nur zu leicht einzuschleichen pflegt. Dabei ist zu erwähnen, daß der geplante Roman zu diesem Zeitpunkt konsequenter noch als das vollendete Werk im Zeichen des Untergangs steht. Die Erzählung sollte noch im letzten Szenarium mit Charles' Tod schließen und der Mitteilung, daß das Kind ins Waisenhaus kommt. Kein triumphaler Aufstieg Homais' folgt, obgleich dieser durchaus schon eine beträchtliche Rolle spielt und auch die Totenwache bereits geplant ist, die Pfarrer und Apotheker in ihrer Gegensätzlichkeit noch einmal vereint. Es fehlt jeder Hinweis darauf, daß das Leben, wie verächtlich auch immer, seinen Fortgang nimmt. Emmas Beerdigung und der Untergang der Ihren stehen am Ende, der Verfall einer Familie ist besiegelt.

Zunächst aber galt es freilich, diese Welt, die vor des Lesers Augen zusammenbrechen sollte, erst einmal aufzubauen und vorzustellen.
Während der Arbeit an seiner sorgsamen Exposition, dem ersten Romanteil, brauchte Flaubert sich um die Anbahnung des bösen Endes kaum
zu kümmern, um so weniger, als die Handlung noch nicht den Ort der
Katastrophe zum Hintergrund hat. Erst bei der Planung des zweiten
Teils rückt diese wieder stärker in sein Blickfeld, und zu dieser
Zeit, ein halbes Jahr vor Entstehung der Versuchungsszene, muß auch
mit Lheureux die entscheidende Veränderung vor sich gegangen sein.
Nicht die Arbeitspapiere, aber das erste in Yonville spielende Roman-
kapitel enthält hierfür zwei aufschlußreiche Hinweise.

Mit jener ostentativen, meist viel zu wörtlich genommenen
'impassibilité' wird zu Beginn des zweiten Teils der künftige Lebens-
raum Mme Bovarys geschildert, und abschließend heißt es:

Depuis les événements que l'on va raconter, rien, en effet, n'a
changé à Yonville. Le drapeau tricolore de fer-blanc tourne toujours
au haut du clocher de l'église; la boutique du marchand de nouveautés
agite encore au vent ses deux banderoles d'indienne; les foetus du
pharmacien, comme des paquets d'amadou blanc, se pourrissent de plus
en plus dans leur alcool bourbeux, et, au-dessus de la grande porte
de l'auberge, le vieux lion d'or, déteint par les pluies, montre
toujours aux passants sa frisure de caniche[113].

In mehr als einer Beziehung sind es diese Zeilen wert, näher betrachtet zu werden. Sie liefern ein anschauliches Beispiel dafür, wie be-
sessen der immer noch so oft als objektiv und ungerührt verurteilte
Autor von der Vorstellung des Todes gewesen ist, des unaufhörlichen
Verfalls aller Dinge. Selbst in eine Äußerung, die allein auf Kontinuität hinzielen sollte ("rien n'a changé"), schleicht sich unversehens das dominierende Untergangsmotiv hinein ("se pourrissent de
plus en plus", "déteint par les pluies"). In unserem Zusammenhang
aber ist dieser letzte, die Vorstellung des Städtchens noch einmal
resümierende Absatz aus einem anderen Grunde wichtig. Vier repräsen-
tative Gebäude werden genannt, zwischen denen sich von nun an Emmas
Dasein abspielen wird: Kirche und Modeladen, Apotheke und Gasthof.
Die beiden ersten aber scheinen eigentümlich auf einander bezogen zu
sein, indem sie beide mit vom Winde bewegten Fahnen geschmückt sind...
Hier könnte sich zum ersten Mal und ganz beiläufig die Tatsache niedergeschlagen haben, daß der Modehändler inzwischen zum Inbegriff des
Bösen stilisiert worden ist.

Der andere Hinweis ist wichtiger. Am Schluß dieses Kapitels taucht
Lheureux schon kurz auf; ja er ist überhaupt der erste Einwohner von
Yonville, mit dem Emma in Berührung kommt, denn er sitzt bereits in

der Kutsche, die das Ehepaar Bovary an seinen neuen Wohnort bringt. Schon dieser Umstand deutet vielleicht darauf hin, daß der Wucherer nicht mehr nur die Funktion hat, das Unheil im letzten Teil der Tragödie zu beschleunigen. Aber man sehe sich die unscheinbare Szene genauer an. In übertriebener, burlesker Weise schwatzt der Händler auf Emma ein, die ihrem soeben entlaufenen Hündchen nachtrauert. Seine grotesken Beteuerungen lenken auch einen guten Kenner des Romans völlig ab von der Tatsache, daß das spurlose Untertauchen des Hundes und das Auftauchen desjenigen, der Emmas neues Leben zugrunde richten wird, im gleichen Atemzuge mitgeteilt werden; daß der Hund verschwindet und Lheureux erscheint - wie Mephisto aus dem Pudel. Handelt es sich um einen baren Zufall oder um eine versteckte Huldigung, eine geistvolle Reminiszenz des Humoristen Flaubert? Genau zu der Zeit, als er den Schluß dieses Kapitels schrieb, hat er den Goetheschen 'Faust' voll Enthusiasmus wiedergelesen[114]. Entstand die kleine Szene vor oder nach der 'Faust'-Lektüre? Ist sie vorher geschrieben, so war vielleicht die eben entdeckte Affinität zwischen Lheureux und Mephisto nicht unbeteiligt an dem Entschluß, das vielbewunderte Werk Goethes wiederzulesen. Ist die Episode jedoch nachher entstanden, dann dürfte es sich wohl noch weniger um einen reinen Zufall handeln.

Nach Fertigstellung der umfangreichen Exposition und zu Beginn der Arbeit am zweiten Teil ist der Zeitpunkt anzusetzen, an dem Flaubert beginnt, den auf das chaotische, lasterhafte Ende hin konzipierten Wucherer über sich selbst hinausweisend die schlimme Entwicklung ankündigen zu lassen und ihn zum bösen Prinzip zu erheben. Es ist Flaubert hier vor allem darum zu tun, das eigentliche Drama, den Anfang vom Ende, vorzubereiten und jeden Bruch zu vermeiden zwischen dem deskriptiven und nahezu ereignislosen Romanbeginn und dem rauschhaft-aktiven, unheilvollen Romanende. Alles soll gleichsam von selbst heranreifen, beständig wird der Boden für Kommendes bereitet, werden kunstvoll Brücken gebaut. Eine solche Brückenfunktion aber erfüllt in vorbildlicher Weise auch die Figur des Modehändlers: und es ist nicht zuletzt eine Art von Vorbereitung, Antizipation, wenn bei der Planung des Yonville-Teils allmählich aus dem Roman des Untergangs ein Roman der Versuchung herauswächst.

II. MME BOVARY ZWISCHEN "CORRUPTION" UND "CANDEUR"

Nach der doppelten Herausforderung, die im 5. Kapitel des mittleren Romanteils an Emma herangetreten ist, nimmt ihr Leben eine andere Wendung. Der allgemeine, vage Ennui, Hauptgegenstand des ersten Drittels der Erzählung, wird zu einem verzehrenden Verlangen, konzentriert sich von nun an auf ein bestimmtes Objekt, Léon. Das Drama beginnt endlich, sich abzuzeichnen.

Die hintergründige Begegnung mit dem Wucherer und der unerquickliche Besuch des Notargehilfen münden in eine sich über drei Seiten hinziehende psychologische Erörterung ein, die Emmas plötzlicher Wandlung gewidmet ist: "ses discours, ses manières, tout changea"[115]. Dem überraschten Leser wird ihr mustergültiges Betragen vorgeführt: die Ausbrüche ihrer Muttergefühle, die moralische Strenge dem Dienstmädchen und die Unterwürfigkeit dem Ehemann gegenüber. Mme Bovary magert ab, ist still und traurig und strömt einen "charme glacial"[116] aus, dem ganz Yonville erliegt. Sogar der selbstherrliche Apotheker beginnt auf seine Weise zu schwärmen: "C'est une femme de grands moyens et qui ne serait pas déplacée dans une sous-préfecture". Den Höhepunkt der Schilderung bildet der Satz: "Les bourgeoises admiraient son économie, les clients sa politesse, les pauvres sa charité". Dann erst erfährt man, wie es wirklich um Emma steht:

> Mais elle était pleine de convoitises, de rage, de haine. Cette robe aux plis droits cachait un coeur bouleversé, et ces lèvres si pudiques n'en racontaient pas la tourmente. Elle était amoureuse de Léon, et elle recherchait la solitude, afin de pouvoir plus à l'aise se délecter en son image[117].

Der unerfahrene junge Mann ahnt davon nichts und hat alle Hoffnung aufgegeben, eine offensichtlich so makellose Frau je erobern zu können. Seine Schüchternheit freilich bringt sie vollends zur Verzweiflung. "Alors les appétits de la chair, les convoitises de l'argent et les mélancolies de la passion, tout se confondit dans une même souffrance", und den braven Charles betrachtet sie selbstverständlich als das große Hindernis auf dem Weg zum Glück. "Donc, elle reporta sur lui seul la haine nombreuse qui résultait de ses ennuis"[118]. Je länger sie Zufriedenheit heuchelt, um so mehr verzehrt sie sich. Schon in der 'Tentation de saint Antoine' hatte es Flaubert immer wieder gereizt, das Dilemma darzustellen, in das jede echte Versuchung den Widerstrebenden hineinzwingt, da die verdrängten Wünsche das Herz nur

um so heftiger bestürmen. Aus zahlreichen Wendungen geht hervor, wie
sehr Emma insgeheim der zwiefachen Versuchung schon erlegen ist. "La
médiocrité domestique la poussait à des fantaisies luxueuses, la
tendresse matrimoniale en des désirs adultères". Ja, so schlimm sieht
es bereits in ihr aus, daß sie Charles offenbar hin und wieder nichts
Geringeres als den Tod wünscht: "Elle aurait voulu que Charles la
battît, pour pouvoir plus justement le détester, s'en venger. Elle
s'étonnait parfois des conjectures atroces qui lui arrivaient à la
pensée"[119]. Genau wie Emma sich selbst gegenüber solche Gedanken kaum
einzugestehen wagt, werden sie auch vom Autor nur angedeutet, nicht
ausgesprochen. Man muß diese Analyse von Emmas Zustand vergleichen
mit der Schilderung ihrer früheren Verzweiflungsanfälle in Tostes.
Auch dort hatte ihre Unzufriedenheit sie in nervöse Feindseligkeit
gegenüber Charles und der gesamten Umwelt getrieben, doch Ernüchte-
rung und Langeweile überwogen, am Ende täuschte sie physische Leiden
vor, um eine Umsiedlung zu erreichen. Solche "conjectures atroces"
kamen ihr damals noch nicht in den Sinn; die innere Ausschweifung,
das Element des Bösen fehlt.

Die Spannung zwischen Schein und Sein, die das Kapitel durchzieht,
löst sich am Ende in depressiven Weinkrämpfen, und das nächste beginnt mit dem berühmten Gang zur Kirche, dem vergeblichen Versuch,
beim Pfarrer Hilfe und Trost zu finden. Es versteht sich, daß diesem
Auftritt im Rahmen der hier untersuchten Hintergrundspsychomachie
eine neue Dimension zukommt. Doch statt einer Interpretation sei an
dieser Stelle eine kurze entstehungsgeschichtliche Betrachtung eingeschaltet, die unseren Standpunkt besser zu begründen vermag.

Gothot-Mersch hat nachgewiesen[120], wie sehr Flaubert sich in seiner Bemühung um eine möglichst behutsame, einleuchtende und allgemein-
gültige Darstellung von der Entwicklung einer jungen Frau zur Ehebrecherin an Balzacs 'Physiologie du mariage' anlehnt. Nirgends ist
das so deutlich zu beobachten wie hier, bei Mme Bovarys erstem, pla-
tonischem Verhältnis. Wenn die sonst so erlebnishungrige Emma in dem
Augenblick, da sie sich ihrer Neigung bewußt wird, die Geselligkeit
zu meiden beginnt und auch nicht zur Zusammenkunft im Apothekerhaus
geht, sondern auf Léons physische Gegenwart verzichtet, um lieber mit
ihren Gedanken allein zu sein -, wenn sie Charles plötzlich verwöhnt
und umhegt und gar "sévère pour les moeurs"[121] wird, so sind das alles bedenkliche Zeichen, die nach Balzacs launiger und paradoxer Darstellung unbedingt zur Verfassung einer in den Ehebruch gleitenden
Frau dazugehören. Freilich hat Flaubert die meisten der von Balzac

43

nur flüchtig skizzierten Reaktionen psychologisch vertieft, sie der Person der Heldin und der Handlung angepaßt. So ist das tugendhafte Gebaren nicht etwa ein kluger Schachzug, der künftige Seitensprünge abdecken soll, sondern eine Haltung, die aus dem Bewußtsein des Abgrunds resultiert, gleichsam das Sich-Festklammern an einem Strohhalm - und auch ein wenig romantische Pose. Die eigene, wahrhaft originelle Pointe Flauberts besteht in der Schüchternheit des Liebhabers. Was nach Balzac automatisch erfolgen müßte, tritt gerade nicht ein, und das entspricht der prosaischen, allen Aufschwüngen abholden Provinzatmosphäre ebenso wie dem unverwechselbaren Grundton der 'bouffonnerie triste'.

Auch der Gang in die Kirche, so erklärt Balzac, gehört zu den "premiers symptômes"[122] des Ehebruchs:

Lorsqu'une jeune femme reprend tout à coup des pratiques religieuses autrefois abandonnées, ce nouveau système d'existence cache toujours un motif d'une haute importance pour le bonheur du mari. Sur cent femmes il en est au moins soixante-dix-neuf chez lesquelles ce retour vers Dieu prouve qu'elles ont été inconséquentes ou qu'elles vont le devenir[123].

"(...) ou qu'elles vont le devenir" - das ist genau Mme Bovarys Situation, nur daß bei Flaubert wieder eine Art Notwehr ist, was bei Balzac Strategie war.

Wenn sich Flaubert bei der Differenzierung der Etappen weiblicher Untreue der Balzacschen Schrift entsinnt, die er bereits als Schüler begierig in sich aufnahm, so griff er für die Pfarrer-Szene selbst in sein eigenes Repertoire. In 'Agonies', einer in gehobenem biblischen Stil abgefaßten, unvollendeten Konfession aus den Jahren 1836-38, sucht der Held einen Pfarrer in seiner Wohnung auf, um sich ihm anzuvertrauen. In äußerster Bedrängnis begab er sich dorthin, in seiner verzweifelten Weltschmerzstimmung war ihm jeder Halt, jeder Kult willkommen. "Eh quoi donc?", so hatte er ausgerufen, "ils me laisseront mourir! moi qui me tords les bras de désespoir, qui appelle la haine ou l'amour, Dieu ou Satan? Ah! Satan va venir, je le sens"[124]. Doch kaum beginnt der Jüngling mit der Beichte, da wird er von seinem in abstoßender Weise der Erde zugewandten Gegenüber unterbrochen: "Rose, s'écria-t-il, prenez donc garde aux pommes de terre". Vor Enttäuschung bitter lachend eilt er unverrichteter Dinge davon. Am Ende des Fragments erscheint Satan und fordert ihn auf, ihm zu folgen.

Auch Mme Bovary ist, als sie zur Kirche geht, "disposée à n'importe quelle dévotion,pourvu qu'elle y absorbât son âme et que l'existence entière y disparût"[125]. Doch damit nicht genug. Emmas Unterredung mit

dem Pfarrer taucht in genau demselben Arbeitspapier zum ersten Male
auf, in das auch der Lheureux-Besuch erstmalig eingeschaltet wurde.
Beides sind nachträglich notierte Zusätze, als Flaubert sie aber in
die Handlung integrierte, folgten Versuchungs- und Kirchenszene auch
noch unmittelbar aufeinander:

visite de L'heureux, bourse algérienne, petits cachemires (...).
il vient tâter le terrain (...). se dirige vers l'église -[126].

Und es handelt sich ja nicht nur um die gemeinsame Einführung beider Auftritte in die Entwürfe, auch in der Endfassung noch kommt
gleich nach dem 5. Kapitel, in dem sich die "lézarde dans le mur"
offenbart, das 6., das mit dem unwiderstehlichen Appell der Kirchen-
glocken eingeläutet wird.

Die erhoffte erlösende Wirkung bleibt freilich aus, niemand kann
Mme Bovary helfen. Als Léon endlich, da er keinerlei Möglichkeit mehr
sieht, ihr näherzukommen, nach Paris zieht, erreicht die Trostlosig-
keit ihres Daseins einen neuen Tiefpunkt. Rückhaltlos ergibt sie sich
nun der Reue und Verzweiflung. "Comment n'avait-elle pas saisi ce
bonheur-là, quand il se présentait! Et elle se maudit de n'avoir pas
aimé Léon"[127]. In einer früheren Version hieß es hier: "Elle avait
un rire atroce, où ses dents fines s'entrechoquant semblaient vouloir
déchirer vif, ce que ses phrases mêmes atteignaient"[128]. Das böse
Verzweiflungsgelächter, das im Roman in der letzten Phase der "vie
pécheresse" zuerst erklingt, ist hier, im mittleren Teil, da Emma
ihre größten Enttäuschungen noch vor sich hat, zweifellos noch nicht
am Platze, und so wurde es wieder gestrichen. Aber dem Erzähler ist
das charakteristische, schauerlich-satanische Hohnlachen, für das er
von Jugend auf eine romantische Vorliebe hat, wohl nicht ohne Grund
schon hier in die Feder gekommen. Es sollte offenbar dazu beitragen,
den neuen Abschnitt der Entwicklung zu markieren, die zweite Etappe
in der Versuchungsgeschichte. Denn Mme Bovary betritt nun die ver-
hängnisvolle Bahn, indem sie zunächst einmal darangeht, ihre "fantaisies
luxueuses" zu realisieren. Wieder nimmt die Reaktion im finanziellen
Bereich diejenige der Liebeshandlung vorweg:

Une femme qui s'était imposé de si grands sacrifices pouvait bien
se passer des fantaisies. Elle s'acheta un prie-Dieu gothique, et
elle dépensa en un mois pour quatorze francs de citrons à se nettoyer
les ongles; elle écrivit à Rouen, afin d'avoir une robe en cachemire
bleu; elle choisit chez Lheureux la plus belle de ses écharpes[129].

Die inneren Widerstände beginnen dahinzuschwinden.

Zwei Seiten nach dem Kauf der schönsten Schärpe taucht Rodolphe
zum ersten Male auf, und es folgt die landwirtschaftliche Ausstellung,
die der robuste und schmucke Provinz-Casanova geschickt zu seinem Er-

oberungsfeldzug nutzt. Dabei kommt es auch zu einem kurzen Auftritt
des Modehändlers, der wohl nur demjenigen sinnvoll erscheinen kann,
der in Lheureux einen Verwandten Mephistos erkennt.

Bei einem Rundgang versetzt Mme Bovary ihrem Begleiter einen kleinen Stoß, und Rodolphe fragt sich beunruhigt, was das wohl zu bedeuten habe.

Ce geste d'Emma pourtant n'avait été qu'un avertissement; car
M. Lheureux les accompagnait, et il leur parlait de temps à autre,
comme pour entrer en conversation:
-Voici une journée superbe! tout le monde est dehors! les vents
sont à l'est.
Et madame Bovary, non plus que Rodolphe, ne lui répondait guère,
tandis qu'au moindre mouvement qu'ils faisaient, il se rapprochait
en disant: "Plaît-il?" et portait la main à son chapeau[130].

Diese scheinbar nichtssagende Passage ist nur eingefügt, um den wider-
lich dienernden Geist mit Emmas beginnender Liebe in Verbindung zu
bringen - in einladender Haltung. Kurz vorher wird dieselbe Beziehung
schon einmal hergestellt. Die Wirtin des "Lion d'or" entrüstet sich
gerade über Lheureux, den sie Kriecher und Schwindler nennt, als sie
ihn entdeckt: "Ah! tenez, dit-elle, le voilà sous les halles; il
salue madame Bovary, qui a un chapeau vert. Elle est même au bras de
M. Boulanger"[131]. Was sollte hier, vor dem angehenden Liebespaar,
das doppelte Bild des grüßenden und schmeichelnden Händlers bedeuten,
wenn in ihm nicht der Geist des Versuchers wirkte?[132] Daß jeweils bewußt ein Zusammenhang hergestellt wird zwischen der erotischen und
finanziellen Handlungsebene, bestätigen ja auch jene frühen Skizzen,
in denen die "comices agricoles" nur mit der Bemerkung versehen werden, daß Mme Bovary Rodolphes Herz mit einer "bourse algérienne dans
les cheveux" gewinnt, die von dem Wucherer stammt. Im Roman trägt sie
einen grünen Hut statt des modischen afrikanischen Kopfschmucks von
Lheureux, und der Bezug wird auf elegantere, vagere und doch eindrück-
lichere Weise geschaffen. Kein gegenständliches Verbindungsstück mehr,
das wäre verräterisch, trivial. Der Leser soll wieder nur für einen
Augenblick durch die schnell vorbeihuschende Szene unheimlich berührt
werden, er soll vieles ahnen - und nichts durchschauen.

Er ahnt, daß es nun endlich bergab gehen muß, er erinnert sich an
den Kauf der Schärpe und weiß, daß der erste Schritt getan ist. So
wird Emma denn auch rasch von Rodolphe erobert. Zum ersten Mal gibt
sie sich einem Manne hin,in den sie wirklich verliebt ist. Sie lernt
endlich "ce que l'on entendait au juste dans la vie par les mots de
'félicité', de 'passion' et d''ivresse', qui lui avaient paru si beaux
dans les livres"[133]. Von Charles hatte sie es zu ihrer großen Ent-

täuschung nicht erfahren können, und mit Léon hatte sie sich in die
Rolle der anständigen Frau hineingesteigert. Wegen der vorhergegan-
genen Abstinenz fühlt sie sich nun geradezu autorisiert zum Genuß.
"N'avait-elle pas assez souffert!"[134] Es geht ihr genau wie mit der
Seidenschärpe, ebensogut könnte auch hier stehen: "Une femme qui
s'était imposé de si grands sacrifices". Nicht nur inhaltlich entsprechen beide Sätze einander (da es in beiden um die Berechtigung
von Emmas Reaktion geht), sondern auch formal. Der eine wie der andere ist im "style indirect libre" gehalten, der hier jeweils die
gleiche Funktion hat. In beiden Fällen ist es Emma, die so denkt und
fühlt, während der Erzähler etwas anderer Meinung ist. Denn er weiß
natürlich, daß Emmas Leiden einzig von ihren Illusionen herrühren,
daß auch das Opfer, das sie Charles gebracht zu haben glaubt[135], eigentlich gar keines ist; sie hatte sich Léon gegenüber ja aus Ängst-
lichkeit und instinktmäßiger Koketterie so verhalten, wie sie es tat,
und vor allem war auch der junge Mann zu unerfahren, sich die Situation
zunutze zu machen. Daher in den beiden parallelen Passagen eine spürbare Reserve und Ironie, die man aber wiederum nicht zu ernst nehmen
darf, denn ebenso genau weiß Flaubert, daß das Leiden an Illusionen
kein eingebildetes ist. Und so wenig er Emma die lang entbehrte, endlich erlebte Liebe - bei allem Teufelswerk - ernsthaft als Verfehlung
anrechnet, so wenig kann er auch ihre Bedürfnisse nach Üppigkeit und
Wohlleben verurteilen, "toutes ces choses enfin qui avaient adouci
l'amertume de sa vie", wie es mit einer an Voltaire erinnernden Wendung heißt[136]. Solange sie leidend und unbefriedigt ist, steht Flaubert, bei aller Distanz gegenüber den Schwächen und Selbsttäuschungen
seiner allzu menschlichen Heldin, dennoch auf ihrer Seite. Auffallend
scharf wird sie hingegen verurteilt, wenn sie, was selten genug geschieht, einen Augenblick zur Ruhe gelangt, sich ausgefüllt und
wunschlos fühlt. Ihr Verhältnis mit Rodolphe versetzt sie zeitweise
in einen solchen Zustand und veranlaßt Flaubert zu einem Ausfall von
überraschender Härte:

C'était une sorte d'attachement idiot plein d'admiration pour lui,
de voluptés pour elle, une béatitude qui l'engourdissait; et son âme
s'enfonçait en cette ivresse et s'y noyait, ratatinée, comme le duc
de Clarence dans son tonneau de malvoisie[137].

Untersucht man, wie der endlich erfolgte Ehebruch dargestellt wird
und wie die schlimmen Zeichen, unter denen er steht, sich bemerkbar
machen, so findet man genügend Hinweise auf die fortschreitende Korruption der Heldin. Es beginnt gleich damit, daß Emma trotzig triumphiert, ohne alle Reuegefühle ihre Liebe auskostet und eine "satis-

faction de vengeance"[138] gegenüber dem Leben im allgemeinen und Charles im besonderen empfindet; sie ist auch voller List, verstrickt sich in Lügen, will ihr Dienstmädchen bestechen und mit Rodolphe eine "maison discrète"[139] finden. Inmitten all der passenden Einzelheiten aber erscheinen hin und wieder Wendungen, die ein recht anderes Bild der Heldin erstehen lassen. Als Rodolphe seiner Geliebten schon ein wenig überdrüssig geworden ist, heißt es einmal: "Mais elle était si jolie! Il en avait possédé si peu d'une candeur pareille!" Und diesen beiden aus Rodolphes Perspektive geäußerten Sätzen fügt der Autor noch in eigenem Namen hinzu: "Cet amour sans libertinage était pour lui quelque chose de nouveau"[140]. Die "candeur" soll also nicht etwa als Einfalt verstanden werden (wie man auf Grund der vorhergehenden Szene annehmen könnte), sondern zielt auf "amour sans libertinage" hin, mit anderen Worten auf Emmas gläubige, die Niederungen der Wirklichkeit ignorierende, unbedingte Art zu lieben (die natürlich zusammenhängt mit ihrer quijotesken Anlage, ihrer Romanlektüre); eine Art, die sie von ihrem Liebhaber aufs unglücklichste unterscheidet. Ja, in dem ganzen Verhältnis mit Rodolphe ist Mme Bovary entschieden eine Candida und hat sogar manches von einer verführten Unschuld. Sie ist zwar eine verheiratete Frau, aber was Liebe ist, hatte sie noch nicht erfahren. Sie wird nach einem kaltblütig gefaßten Plan erobert, und es wird sogleich klar, daß sie eines Tages ebenso wieder verlassen werden wird. Rodolphe hat in der Waldszene etwas entschieden Brutales, und sie ist es überhaupt, die mehr liebt und mehr leidet und so von vornherein die bessere Rolle hat.

"Emma's moral corruption is indeed progressive, like the steady deterioration of an organism undergoing the stages of a fatal disease"[141]. Um so bemerkenswerter, obgleich kaum je erwähnt, daß einige ihrer Eigenschaften sich in merklich positiver Weise entwickeln. Hat sich Flaubert unversehens von der Liebenden und Strauchelnden einnehmen lassen, die ja allmählich in die Rolle einer "mystique de l'amour"[142] hineinwächst? Beim Aufspüren der Schwankungen in ihrem Charakterbild ergibt sich jedoch, daß bereits vor dem Abenteuer mit Rodolphe eine allgemeine Wendung zum Besseren zu erkennen ist. Schon die auf das Versuchungskapitel folgende Pfarrer-Szene zeigt Emma in einer Verzweiflung, wie sie so dringlich, allgemeingültig und ernst - bei aller Burleske - noch nirgends im Roman ausgebrochen war; die frommen Anwandlungen der jungen Klosterschülerin waren dagegen nur ein angenehm-sinnliches Genießen gewesen. Eine ähnliche Verschiebung wie im religiösen Bereich findet aber auch auf geistigem Gebiete statt, und hier überrascht sie fast am meisten. Nachdem Emma sich Lheureux' schönste Schärpe gekauft hat, will sie auch auf anderer Ebene die engen Grenzen, die ihr gesteckt sind, überwinden und unternimmt einige nicht unbeträchtliche Ausbruchsversuche. Sie will Italienisch lernen, besorgt sich Wörterbücher und eine Grammatik. Ja, "elle essaya des lectures sérieuses, de l'histoire et de la philosophie"[143]. Es läßt sich nicht leugnen, daß sie strebend sich bemüht, wenn sie auch, da sie rastlos von einer Sache zur anderen übergeht und alles Begonnene liegen läßt, zu keinerlei Erfolg, geschweige denn Befriedigung gelangt. Solche intellektuellen Aufschwünge, mögen sie auch rasch wieder vorübergehen, traut man der kleinbürgerlichen und sentimentalen Heldin des 1. Teils bei allem Lesehunger kaum zu; denn häufig genug ist man über die Unzulänglichkeiten ihres Verstandes, ihrer Bildung, ihres künstlerischen Talents unterrichtet worden. Es ist, als habe man es wenigstens zeitweise mit einer anderen Emma zu tun als derjenigen, die Flaubert selbst so abfällig als "femme de fausse poésie et de faux sentiments"[144] bezeichnet. In der "candeur" ihrer großen Liebe, in dem Bedürfnis nach "n'importe quelle dévotion", das sie in die Kirche führt, und auch in den vergeblichen geistigen Bestrebungen ist Emma Bovary keineswegs prätentiös, es ist jeweils gerade die Echtheit ihres Bedürfnisses, die ihr das Mitgefühl des Lesers sichert und ihn mit manchem aussöhnt. Daß die Versuchung hier eine Veränderung herbeiführte, spiegelt sich aber nirgends so deutlich wider wie in der Entwicklung einer in diesem Zusammenhang besonders aufschlußreichen Veranlagung: der nervlichen Labilität. Es ist dies ja eine Eigenschaft, die moderne Teufelsbündner auszuzeichnen pflegt, ob man nun an Adrian Leverkühns Konstitution denkt oder an die des blassen, von Ennui und Ekel gezeichneten Priesters Donissan in 'Sous le soleil de Satan'[145]. Gewiß gehörte die Blässe zu Emmas romantischem Frauentyp, und die Nerven, so kann man einwenden, sind diejenigen ihres Schöpfers[146]. Das hindert nicht, daß die nervliche Anfälligkeit offenbar bewußt in den Dienst unseres Themas gestellt wurde. Denn mit den scheinbar unmotivierten, hemmungslosen Tränenausbrüchen nach der Versuchung - "Ce sont les nerfs", erklärt Emma[147] - fängt auch in dieser Hinsicht eine neue Ära an. Schon vorher war Mme Bovary ihrem Ehemann labilen und kränklichen Wesens erschienen, doch die Symptome, die Charles in Tostes beobachtete, waren zu einem guten Teil simuliert gewesen, da Emma hoffte, ihn auf diese Weise zu einem Umzug bewegen zu können. Nun aber ist von irgendeinem absichtsvollen Übertreiben keine Rede mehr, im Gegenteil, die große und beinahe tödliche Krankheit nach der Rodolphe-Enttäuschung ist gerade eine Art Gehirn- und Nervenfieber[148]. Im 3.Teil tritt der Zusammenhang zwischen Mme Bovarys Nerven und dem Versuchungsthema am stärksten hervor. Als die Schwiegermutter Emmas Vollmachtspläne zu durchkreuzen versucht, bricht diese in ein krankhaftes Gelächter aus, und es heißt erläuternd: "elle avait une attaque de nerfs"[149]. Mit dem unheimlichen Lachen nervösen Ursprungs aber wird sehr geschickt jenes andere, weit unheimlichere, auf ihrem Totenbett vorbereitet, das die Tragödie der Versuchten, Gefallenen, Verdammten angemessen beschließt. - Wenn der Böse sich interessiert zeigt, so ist er es gewöhnlich "von wegen einer feinen, erschaffenen Creatur"[150], deren Fähigkeiten dann freilich eine ungeahnte Steigerung erfahren.

Im Laufe der Beziehung zu Rodolphe gibt es immer mehr Anzeichen für eine Aufwertung der Heldin, sie häufen sich insbesondere gegen Ende der ersten Phase des Verhältnisses. Der eigentliche, durch Rodolphes Abschiedsbrief herbeigeführte dramatische Abschluß von Emmas erstem Ehebruch ist jedem in Erinnerung, doch war die Liebe schon viel früher eines natürlichen Todes gestorben; "au bout de six mois (...) ils se trouvaient, l'un vis-à-vis de l'autre, comme deux mariés qui entretiennent tranquillement une flamme domestique"[151]. Emma beginnt, die Gleichgültigkeit des Liebhabers zu bemerken und sich unglücklich, unbefriedigt zu fühlen. Der rührende Brief ihres Vaters läßt sie plötzlich ihre Jungmädchenzeit als die einzig gute und unbeschwerte empfinden. Sie wendet sich ihrem Kind zu. Als Homais dem Wundarzt zur Klumpfußoperation an dem Gasthofsknecht rät, sieht Emma darin eine Möglichkeit, zu Charles zurückzufinden, auf dem Umweg über die Anerkennung, die sie ihrem Mann nach solch einer Leistung entgegenbringen könnte. "Elle ne demandait qu'à s'appuyer sur quelque chose de plus solide que l'amour. (...) elle se trouvait heureuse de se rafraîchir dans un sentiment nouveau, plus sain, meilleur, enfin d'éprouver quelque tendresse pour ce pauvre garçon qui la chérissait"[152] Der sehnsuchtsvoll verklärende Rückblick auf die plötzlich von Reinheit und Frische glänzenden Jugendtage(damals schienen sie ihr freilich langweilig), die Besinnung auf das Kind, auf Charles und gar auf ein Leben, das auf "quelque chose de plus solide que l'amour" gegründet ist, das sind alles Momente, welche Mme Bovary unzweifelhaft Sympathie einbringen, sie gleichsam reinwaschen, auch wenn dann die überaus grausame Reaktion Emmas auf das klägliche Scheitern des medizinischen Abenteuers die Wirkung für den Augenblick wieder neutralisiert.

Nach dem chirurgischen Fiasko aber geht es immer steiler bergab, selbst der dumpfe Charles spürt "vaguement circuler autour de lui quelque chose de funeste et d'incompréhensible"[153]. Emma will sich betäuben und mit Rodolphes Hilfe die neue Enttäuschung verwinden. "Ils recommencèrent à s'aimer"[154]. Die ehebrecherische Liebe, in die sie sich nun besinnungslos stürzt, nimmt immer ausschweifendere Züge an, und bald blüht Mme Bovary auf wie eine Blume des Bösen:

Ses convoitises, ses chagrins, l'expérience du plaisir et ses illusions toujours jeunes, comme font aux fleurs le fumier, la pluie, les vents et le soleil, l'avaient par gradations développée, et elle s'épanouissait enfin dans la plénitude de sa nature. (...) On eût dit qu'un artiste habile en corruptions avait disposé sur sa nuque la torsade de ses cheveux[155].

Ein Prediger hätte sich nicht anders ausgedrückt. In einer früheren Fassung sagte Emma: "Je t'aime, vois-tu, plus même que le souvenir de ma mère, plus que Dieu, plus que ma fille"[156]; und auch im endgültigen Text erklärt sie noch: "Je suis ta servante et ta concubine! Tu es mon roi, mon idole!"[157] Die 'Revue de Paris' mochte das nicht drucken.

Rodolphe hört es sich etwas gelangweilt an, denn er hat bereits viel Schmeichelhaftes von Frauen gesagt bekommen:

Parce que des lèvres libertines ou vénales lui avaient murmuré des phrases pareilles, il ne croyait que faiblement à la candeur de celles-là; on en devait rabattre, pensait-il, les discours exagérés cachant les affections médiocres; comme si la plénitude de l'âme ne débordait pas quelquefois par les métaphores les plus vides, puisque personne, jamais, ne peut donner l'exacte mesure de ses besoins, ni de ses conceptions, ni de ses douleurs, et que la parole humaine est comme un chaudron fêlé où nous battons des mélodies à faire danser les ours, quand on voudrait attendrir les étoiles[158].

Eben noch ging die "corruption" bis zur Idolatrie, und gleich darauf fällt wiederum der Ausdruck "candeur", die Echtheit von Emmas Gefühlen bestätigend, und zwar nun gar nicht mehr aus der Perspektive einer Romangestalt, im Gegenteil, Rodolphes Blickwinkel wird gerade korrigiert, der Liebhaber selbst vermag die Intensität ihrer Gefühle weder zu schätzen noch auch nur zu erkennen. Der Autor fügt einen seiner seltenen und, wie er meint, unstatthaften Kommmentare ein, um die Dinge ins rechte Licht zu rücken - und läßt sich dabei zu einem der unmittelbarsten und lyrischsten Ausbrüche des ganzen Romans hinreißen.

Emmas übergroße Liebe bewirkt jedoch nur, daß Rodolphe um so ungenierter aus ihr "quelque chose de souple et de corrompu" zu machen versucht[159]. Er hat auch Erfolg, ihre Blicke werden frecher, ihre Reden freier, ja, sie geht sogar rauchend mit ihrem Liebhaber spazieren.

Noch schlimmer ist allerdings,daß ihre heimlichen Geschäfte mit dem
Modehändler bedenkliche Fortschritte gemacht haben. Zum zweiten Mal
wird nun eine Unterhaltung Emmas mit Lheureux wiedergegeben, obgleich
er inzwischen schon öfter ins Haus gekommen war. Der böse Geist, der
passenderweise das schwarze Holzbein für Hippolyte herbeischafft (und
auch noch ein weniger feierliches für den Alltag), ergreift die Gelegenheit, Emma hübsche Pariser Neuheiten vorzulegen, sie ihr zu über-
lassen, ohne jemals Geld zu verlangen. "Emma s'abandonnait à cette
facilité de satisfaire tous ses caprices"[160]. Sie bestellt für Rodolphe
eine elegante Reitpeitsche. Doch eines Tages präsentiert ihr der Händler eine stattliche Rechnung.

Elle réussit d'abord à éconduire Lheureux; enfin il perdit patience:
on le poursuivait, ses capitaux étaient absents, et, s'il ne rentrait
dans quelques-uns, il serait forcé de lui reprendre toutes les
marchandises qu'elle avait.
      -Eh! reprenez-les! dit Emma.
      -Oh! c'est pour rire! répliqua-t-il. Seulement, je ne regrette que
la cravache. Ma foi! je la redemanderai à Monsieur.
      -Non!non! fit-elle.
      -Ah! je te tiens! pensa Lheureux.
      Et, sûr de sa découverte, il sortit en répétant à demi-voix et avec
son petit sifflement habituel:
      -Soit! nous verrons! nous verrons![161].

Mme Bovary zieht sich aus der Affäre, indem sie ihren ersten Diebstahl
begeht und Charles das Honorar eines Patienten wegnimmt, um Lheureux
bezahlen zu können; der Händler ist allerdings enttäuscht -, er hatte
offensichtlich gehofft, Mme Bovary werde einen Wechsel unterschreiben[162]. Hat sie sich damit den Bösen vom Hals geschafft? Zunächst
scheint es so, wenngleich es allen geheimen Erwartungen oder Befürch-
tungen des Lesers widersprechen würde. Doch schon wenige Seiten später liefert sie sich ihm wieder aus, und schlimmer denn je. Sie will
mit Rodolphe fliehen und bestellt dafür allerlei Reiseutensilien bei
dem Wucherer. Sogleich wittert er Unrat: "Décidément, pensa Lheureux,
il y a du grabuge là-dessous"[163]. Wenige Anzeichen genügen ihm; durch
perfide Bemerkungen und geschickt gestellte Fragen ergänzt er sein Wissen, und im Nu hat er Mme Bovarys amoureuse Situation durchschaut, wo-
durch er sie bald völlig in seiner Gewalt haben wird. Geld- und Liebes-
affäre verlassen nach und nach ihre parallelen Bahnen, um im 3. Teil
völlig miteinander zu verschmelzen.

Nach Rodolphes Rückzug löst sich Emmas schwere Erschütterung in jener langen Krankheit, in deren Verlauf sie Momente christlicher Extase
erlebt und zur Erkenntnis gelangt:

Il existait donc à la place du bonheur des félicités plus grandes, un
autre amour au-dessus de tous les amours, sans intermittence ni fin,

et qui s'accroîtrait éternellement! Elle entrevit,parmi les illusions de son espoir, un état de pureté flottant au-dessus de la terre, se confondant avec le ciel, et où elle aspira d'être. Elle voulut devenir une sainte[164].

Hier erfährt die "candeur" ihre letzte Steigerung, die "jeune fille vierge et mystique" des ersten Projekts ist deutlich wiederzuerkennen. Doch wie es schon ihrem Leidensbruder Antonius erging, auch Mme Bovarys religiöse Erhebungen haben die Neigung, in unheilige Bahnen zu geraten und schlimm zu entarten; selbst der nun häufig erscheinende Pfarrer, so beschränkt, gutmütig und lasch er ist, ahnt, daß Emmas Frömmigkeit "pût, à force de ferveur, finir par friser l'hérésie et même l'extravagance" [165]. So liest man bald vom "orgueil de sa dévotion", auch richtet sie an Gott "les mêmes paroles de suavité qu'elle murmurait jadis à son amant, dans les épanchements de l'adultère"[166]. Dabei war es Flaubert wohl nicht nur darum zu tun, die berühmte Gemeinsamkeit von Wollust und Religion anklingen zu lassen; wenn er noch schwelgerisch die " épanchements de l'adultère" hinzufügt, so soll damit zweifellos auf die Kontinuität der Korruption hingewiesen werden, auch und gerade dort, wo sie am wenigsten zu erwarten war. Immer mehr beschleicht Emma allmählich "le sentiment vague d'une immense duperie"[167], wenn sie auch ihre mustergültige Lebensführung noch eine ganze Weile beibehält. Allerdings gibt ihr Verhalten manches Rätsel auf, "l'on ne distinguait plus l'égoïsme de la charité, ni la corruption de la vertu"[168]. Wie stark die Polarität von Reinheit und Verderbnis auch hier überall wirksam ist, zeigt sich in vollem Umfang erst bei einem Blick auf die Komposition dieses Kapitels. Die ganze lange Schilderung von Emmas Rückkehr zur Frömmigkeit wird nämlich eingeleitet von einem ausführlichen Bericht über Lheureux und dessen Spekulationen. Während Emmas Krankheit verlangt er "arrogamment" von Charles, daß er die mysteriösen Schulden seiner Frau begleicht; "tour à tour menaçant et gémissant" gelingt es ihm, den Ehemann zum Unterschreiben eines Wechsels zu bewegen, schließlich leiht Bovary sich noch eine weitere, beträchtliche Summe von ihm, "au taux que l'on voudrait"[169]. In diesem Exkurs über die betrübliche Finanzlage des Arztpaares wird auch der endgültige Triumph Lheureux' schon vorweggenommen. Man erfährt, daß er überall erfolgreich ist; ein neuer Reisedienst, den er organisiert, wird den des "Lion d'or" zugrunde richten und ihm "tout le commerce d'Yonville" ausliefern. Bevor der Leser sich etwa mit der Vorstellung beruhigt, daß Emma, wie das verirrte und geborgene Lamm, im Schoß der Kirche wenigstens vorübergehend Zuflucht findet vor allen Stürmen und Versuchungen, ist ihm mitgeteilt

worden, daß die Macht und Bedrohlichkeit ihres Verderbers größer ist
denn je zuvor. Wieder scheinen Lheureux und der Pfarrer Bournisien
einander geradezu auf den Plan zu rufen, wieder ist es Lheureux, der
zuerst erscheint und doch die nur zu berechtigte Befürchtung weckt,
daß er das letzte Wort behalten werde.

"VIE PÉCHERESSE". HÖHEPUNKT UND ENDE

Über der letzten Etappe von Emmas Lebensweg ist bei näherem Zuse-
hen ein unheilvolles Motto zu entdecken. In der Kathedrale von Rouen
hat die von ihrer Krankheit Genesene ein Rendez-vous mit dem zufällig
wiedergetroffenen Notargehilfen. Der neu entflammte junge Mann ist
viel zu früh gekommen und muß lange warten.Dann erscheint Mme Bovary,
aber auf ihren Wunsch ist noch eine erschöpfende Kirchenführung durch-
zustehen. Als diese gar kein Ende nehmen will, rafft Léon schließlich
allen Mut zusammen, und es gelingt ihm, mit Emma das Freie zu gewinnen. Er schickt sofort einen Straßenjungen los, damit er eine Droschke
hole. Da erscheint noch einmal der unermüdliche Kirchendiener.

-Sortez du moins par le portail du nord! leur cria le Suisse, qui
était resté sur le seuil, pour voir la 'Résurrection', le 'Jugement
dernier', le 'Paradis', le 'Roi David', et les 'Réprouvés' dans les
flammes d'enfer.
-Où Monsieur va-t-il? demanda le cocher.
-Où vous voudrez! dit Léon poussant Emma dans la voiture[17o].

Die Verdammten im höllischen Feuer - das ist das Letzte, was die beiden hören; die sofort anschließende Frage des Kutschers nach dem Ziel
(die überdies offenbleibt), scheint den Bezug noch zu unterstreichen[171].
So beginnt die skandalöse Fahrt und für Emma ein neues Leben.

Daß eine große Liebe ihren Anfang nimmt mit einer Begegnung in oder
vor der Kirche, womöglich im Frühling und an einem Feiertag, ist ein
ehrwürdiger Topos[172]. Die entstehende Neigung erhält so einen groß-
artigen, überirdischen Nimbus und wird geradezu als gottgewollt hingestellt. Mit seiner langen, entnervenden Szene beabsichtigt Flaubert,
diese Tradition ad absurdum zu führen und damit einen literarischen
Gemeinplatz mehr zu zerstören; es war, wie sich versteht, die unver-
besserliche Emma, die den weihevollen Treffpunkt bestimmt hatte.
Auch der Umstand, daß es sich hier nicht um den Beginn einer Liebe
handelt, sondern nur um den einer intimen, ehebrecherischen Beziehung,
ist dazu angetan, das konventionelle Motiv kompromittierend abzuwan-
deln. Erst nach Abfassung seiner persiflierend-pessimistischen Kathe-
dralenszene kam Flaubert offenbar der Gedanke, die Bedeutung der vom
Kirchendiener zuletzt gerufenen Sätze für den Roman der Versuchung
symbolhaft zu nutzen[173] - um damit über dem Auftakt von Emmas letztem
Ehebruch das gerade Gegenteil von Weihe und Segen walten zu lassen.
Eine Begegnung im Tempel, unter negativem Vorzeichen.

Unverzüglich bahnt sich auch in der Beziehung zu dem Wucherer die
letzte, entscheidende Wende an. Während Emma an einem der nächsten
Tage mit Mann und Schwiegermutter im Garten sitzt beim Zurechtschnei-
dern von Trauerkleidung (Vater Bovary ist gestorben), erscheint plötzlich wieder Lheureux. Kaum ist er mit Emma allein, da beglückwünscht
er sie ganz offen zu der Erbschaft; dann schwatzt er über gleichgül-
tige Dinge. Nach einer Weile läßt er einfließen, er habe während ihrer langen Krankheit einige Schwierigkeiten gehabt mit Charles("C'est
un brave garçon", setzt er herablassend hinzu). Emma möchte wissen,
welche; an die alten Bestellungen anläßlich der früheren Fluchtvorbe-
reitungen denkt sie nicht mehr.

-Mais vous le savez bien! fit Lheureux. C'était pour vos petites
fantaisies, les boîtes de voyage.
Il avait baissé son chapeau sur ses yeux, et, les deux mains
derrière le dos, souriant et sifflotant, il la regardait en face,
d'une manière insupportable. Soupçonnait-il quelque chose? Elle
demeurait perdue dans toutes sortes d'appréhensions[174].

Nach gutem alten Brauch, mit dämonisch in die Stirn gedrücktem Hut,
dazu lächelnd und pfeifend, blickt er ihr auf unausstehliche Weise
gerade ins Gesicht. Nachdem er ihr genügend Furcht eingeflößt hat,
meint er schließlich, Emma täte gut daran, sich eine Vollmacht zu ver-
schaffen; "avec une procuration, ce serait commode, et alors nous
aurions ensemble de petites affaires..."[175]. Die Vorstellung eines
Paktes, der das Opfer unwiderruflich der Hölle ausliefert, taucht
kurz auf und wird sogleich wieder verwischt.

Elle ne comprenait pas. Il se tut. Ensuite, passant à son négoce,
Lheureux déclara que Madame ne pouvait se dispenser de lui prendre
quelque chose. Il lui enverrait un barège noir, douze mètres, de
quoi faire une robe[176].

Wieder bringt Lheureux etwas Schwarzes an, denn er läßt den Stoff
nicht schicken, sondern eilt persönlich herbei. Überhaupt taucht er
wieder öfter auf, unter verschiedenartigen Vorwänden,

tâchant chaque fois, de se rendre aimable, serviable, s'inféodant,
comme eût dit Homais, et toujours glissant à Emma quelques conseils
sur la procuration[177].

Seine Anregungen fallen schließlich auf fruchtbaren Boden. Emma war-
tet klug, bis Charles' Mutter abgereist ist, dann beginnt sie ihren
Feldzug. Sie ist bereits eine recht gelehrige Teufelsschülerin geworden, und mit ihrem treuherzigen Ehemann hat sie nur zu leichtes
Spiel.

Emma ne tarda pas à émerveiller Bovary par son bon sens pratique. Il
allait falloir prendre des informations, vérifier les hypothèques,
voir s'il y avait lieu à une licitation où à une liquidation. Elle
citait des termes techniques, au hasard, prononçait les grands mots
d'ordre, d'avenir, de prévoyance, et continuellement exagérait les

embarras de la succession; si bien qu'un jour elle lui montra le modèle d'une autorisation générale pour "gérer et administrer ses affaires, faire tous emprunts, signer et endosser tous billets, payer toutes sommes, etc." Elle avait profité des leçons de Lheureux[178].

Die Sache endet damit, daß der arme Charles nach edlem Wettstreit dankbar und gerührt Emmas Versicherung entgegennimmt, sie werde selbst nach Rouen fahren, um das Papier von Léon, als Sachverständigem, prüfen zu lassen. Das ahnungslose Musterbeispiel des betrogenen Ehemanns verhilft der Gattin wieder einmal zum begehrten Stelldichein, genau wie er sie übrigens in der vorangegangenen Szene zu dem verhängnisvollen Gespräch unter vier Augen mit Lheureux veranlaßt hatte. So gelangt Emma in den Besitz der Vollmacht und erreicht zugleich, was ihr das Wichtigste ist: sie kann mit dem Geliebten "trois jours pleins, exquis, splendides, une vraie lune de miel"[179] genießen.-

Das dritte Stadium in der Beziehung zu Lheureux ist erreicht, wie zu erwarten geht es Hand in Hand mit dem letzten Liebesverhältnis[180]. Doch eingebettet zwischen Kutschfahrt und Honigmond, nimmt jetzt das finanzielle Abenteuer nicht mehr das erotische vorweg. Darin unterscheidet sich diese letzte Peripetie von den beiden früheren Phasen des Versuchungsdramas, Liebeserlebnis und Geldverwicklung verschränken sich. Das Verhältnis mit Léon steht ja schon in den ersten Handlungsentwürfen unter dem Zeichen der "sensualité du confortable non assouvie"[181]; da mehr und mehr Geld erforderlich wird, um die so sehr herbeigesehnten Tage in Rouen befriedigend zu gestalten, gibt Emma bald besinnungslos aus, was sie hat oder was der Wucherer ihr vorschießt -, und so verdankt sie ihm allmählich auch ihr Liebesglück. Er wird ihr völlig unentbehrlich.

Elle ne pouvait plus se passer de ses services. Vingt fois dans la journée elle l'envoyait chercher, et aussitôt il plantait là ses affaires, sans se permettre un murmure[182].

Fast geht es wie im Märchen zu: der Pakt ist geschlossen, und alle Wünsche der Heldin gehen in Erfüllung. Sie hat Geld, soviel sie braucht, und einen jungen, hübschen, ihr völlig ergebenen Liebhaber. Die Dimensionen der alltäglichen Provinzerzählung werden immer häufiger gesprengt. Die allwöchentlich von Yonville nach Rouen reisende Emma sieht das ersehnte Ziel von einer Anhöhe aus folgendermaßen vor sich liegen:

Quelque chose de vertigineux se dégageait pour elle de ces existences amassées, et son coeur s'en gonflait abondamment, comme si les cent vingt mille âmes qui palpitaient là lui eussent envoyé toutes à la fois la vapeur des passions qu'elle leur supposait. Son amour s'agrandissait devant l'espace, et s'emplissait de tumulte aux bourdonnements vagues qui montaient. Elle le reversait au dehors, sur les places, sur les promenades, sur les rues, et la vieille cité normande s'étalait à ses yeux comme une capitale démesurée, comme une Babylone où elle entrait[183].

Stand Bouilhet solchen poetischen Vergleichen etwas kritisch gegenüber? Nachdem Flaubert die alte Handelsstadt Rouen zur mythischen
Sündenmetropole gesteigert hatte (wenn auch nur in Emmas Vorstellung),
berichtete er es dem Freund mit leicht zerknirschtem Trotz: "Le mot
est lâché: 'Babylone' y est, tant pis!"[184]. Es wird sich zeigen, daß
die Parallele nicht umsonst gezogen wurde.

  Doch so rauschhaft die Hinfahrt ist, so trostlos ist der Heimweg.
Hier, auf dem kurzen Höhepunkt des Glücks mit Léon, taucht bereits
der skrofulöse Blinde zum ersten Mal auf und verkündet deutlicher als
alles andere, daß Emmas Liebestraum des Teufels ist. Sie erschrickt
maßlos, wenn sie den "pauvre diable"[185] erblickt mit seinen blutigen,
lidlosen Augenhöhlen, der entweder ein idiotisches Gelächter oder ein
leichtsinniges Liebesliedchen hören läßt. Wenn er sich an der Kutsche
anklammert, vernimmt man seine erst schwache, dann immer schriller
werdende Stimme:

Elle se traînait dans la nuit, comme l'indistincte lamentation d'une
vague détresse; et, à travers la sonnerie des grelots, le murmure des
arbres et le ronflement de la boîte creuse, elle avait quelque chose
de lointain qui bouleversait Emma. Cela lui descendait au fond de
l'âme comme un tourbillon dans un abîme, et l'emportait parmi les
espaces d'une mélancolie sans bornes[186].

Wie sehr der Elende über sich selbst hinausweist, wird in jeder Wendung deutlich: die in die Dunkelheit hinausgestoßene Klage ist unbe-
stimmt, die Verzweiflung "vague", die Stimme hat "quelque chose de
lointain", und sie erfüllt die aufgewühlte Emma mit grenzenloser Trau-
er. Ja, die Kutsche selbst verwandelt sich in einen Sarg ("boîte
creuse"), und die Nacht wird damit zum Sinnbild ewiger Finsternis.
Doch wer ist der Blinde?

  Auf den unbefangenen Leser wirkt er wie eine Art Memento mori. Kon-
trastierend mit der hoffnungsvollen morgendlichen Hinreise, die ganz
im Zeichen der Liebesleidenschaft, der großen Hure Babylon, steht, hat
das in die Nacht gewimmerte schlüpfrige Liedchen etwa dieselbe Bedeutung, wie sie der wurmzerfressene Rücken einer mittelalterlichen Frau
Welt besitzt. Betrachtet man aber die Szene (und ihre Vorstufen) genauer, so nuanciert sich das Bild des Blinden, mahnt weniger an den
Tod als an den Teufel. Da fallen zunächst die lidlosen Augenhöhlen
auf, die ein stereotypes Kennzeichen diabolischer Figuren sind. Diese
auch bei einem Blinden nicht gerade gewöhnliche Eigenheit wird in
einem Atem genannt mit der offenbar unverzichtbaren Kopfbedeckung:
"Un vieux castor défoncé, s'arrondissant en cuvette, lui cachait la

figure; mais, quand il le retirait, il découvrait, à la place des paupières, deux orbites béantes toutes ensanglantées"[187]. In früheren Romanfassungen besaß der Bettler sogar spitze Zähne, und seine Holzschuhe wurden mit Hufen verglichen![188] Verräterisch genug ist aber auch in der endgültigen Fassung noch der Ausklang der schaurlichen Fahrt. Die Insassen sind allmählich alle eingeschlafen, nachdem der Kutscher die Schreckensgestalt mit Peitschenhieben vom Wagen geschleudert hat; durch die Ruhe und Unbeweglichkeit im Innern der 'Kiste' wird das Motiv des Sarges noch einmal wiederaufgenommen. Und zum Abschluß erscheint die ganze Szenerie in Rot getaucht: die Wagenlaterne wirft "des ombres sanguinolentes sur tous ces individus immobiles"[189].

Der blinde Bettler, der in Emmas Todesstunde als Symbol der Verdammnis erscheint, trägt satanische Züge –, auch in 'Smarh' und der 'Tentation' pflegt das Böse in mehrfacher Gestalt aufzutreten. Neuerdings ist über die Figur des 'armen Teufels' ein Streit entbrannt: zahlreiche Interpreten weigern sich, in ihm und überhaupt in einem Flaubertschen Symbol "supernatural implications" zu erblicken. Murray Sachs schreibt, man dürfe den Blinden nicht, wie üblich, von Emmas Sterbeszene ausgehend betrachten (da sein Auftritt ursprünglich bei Emmas Tod gar nicht vorgesehen war), sondern man müsse ihn von der nächtlichen Kutschfahrt her, bei der er eingeführt wird, zu verstehen suchen. Und hier bedeute er nichts anderes als "the ugly truth of life in Rouen, after Emma's romantic illusions about it have been stripped away. By extension he can symbolize the hard reality of life anywhere"[190]. Zwar trifft es nicht zu, daß Emmas Illusionen schon hier zunichte geworden sind, die Heldin befindet sich vielmehr noch auf dem Höhepunkt ungetrübten Glücks. Der Behauptung aber, daß der blinde Bettler "the ugly truth" darstelle, kann man ohne weiteres zustimmen, insbesondere wenn man den Zusatz "of life in Rouen" wegläßt. Denn dazu ist das ausgesprochen grauenerregende Monstrum, dessen Stimme "quelque chose de lointain qui bouleversait Emma" besitzt, doch zu ausgefallen und extrem, und die Unterweltsstimmung der nächtlichen Szene bliebe unberücksichtigt. Bei der Betrachtung von Emmas Tod wird sich zeigen, daß die bisher als widersprüchlich empfundenen Deutungen des Blinden – Symbol der Verdammnis und bittere Wahrheit – zusammengehören, und daß eine solche unglückselige Bettlergestalt, welche die böse, teuflische Wahrheit repräsentiert, von jeher in Flauberts Geist existierte.

Das kurze Glück der Heldin ist bald vorbei, und die Bedrohungen werden immer konkreter. In Rouen begegnet ihr auf einmal Lheureux, als sie eben an Léons Arm das Hotel verläßt, und sie fürchtet, er werde plaudern.

Il n'était pas si bête./Mais trois jours après, il entra dans sa chambre, ferma la porte et dit:
    -J'aurais besoin d'argent[191].

Der Händler rät ihr, mit Hilfe der Vollmacht eine "méchante masure" zu verkaufen, die Vater Bovary hinterließ. Erleichtert geht Emma auf den Handel ein. "Lheureux savait tout"[192]; er besorgt auch einen Käufer und kümmert sich um alles. Damit nichts herauskommt, fälscht er für sie die Rechnungen und stellt immer neue Wechsel aus. "On met tout ce que l'on veut sur les factures", meint er lachend. "Est-ce que je ne connais pas les ménages?"[193] Sie erhält eine stattliche Summe. "Alors, elle regarda les billets de banque; et, rêvant au nombre illimité de rendez-vous que ces deux mille francs représentaient: 'Comment! comment! balbutia-t-elle.'" Wieder zeigt es sich, daß es Lheureux' Gaben sind, mit denen sie ihre Liebe verwirklichen kann. Die Verschuldung wird immer heilloser, bald kommt sie nicht mehr recht mit bei den komplizierten Rechenkunststücken ihres findigen Gönners; "et les oreilles lui tintaient comme si des pièces d'or, s'éventrant de leurs sacs, eussent sonné tout autour d'elle sur le parquet"[194]. Genauso war es auch Peter Schlemihl ergangen, nur daß der Gehörshalluzination bei ihm eine visuelle entspricht. Der Teufel zählt dem unschlüssigen Jüngling die schönen Dinge auf, die er für seinen Schatten von ihm bekommen könnte, darunter auch Fortunati Glückssäckel. "Ich bekam einen Schwindel, und es flimmerte mir wie doppelte Dukaten vor den Augen"[195]. Im folgenden aber ist wieder Mephisto herauszuhören: "Puis il réclama négligemment une quittance. 'Vous comprenez..., dans le commerce..., quelquefois... Et avec la date, s'il vous plaît, la date'".

    Doch plötzlich bietet sich noch eine letzte Aussicht auf gewaltsame Rettung, als die Schwiegermutter, die von der Generalvollmacht erfahren hat, das Papier kurzerhand ins Feuer wirft. "Emma se mit à rire d'un rire strident, éclatant, continu: elle avait une attaque de nerfs"[196]. Das stereotype, teils höhnische und teils verzweifelte Gelächter derer, die mit dem Bösen im Bunde sind, ertönt hier im Roman zum ersten Mal. Es wird mit Emmas nervöser Konstitution in Verbindung gebracht, die in den Augen des Ehemanns und der übrigen Umgebung alle Extravaganzen der unseligen Heldin erklärt. Es veranlaßt den bestürzten Charles, sich gegen seine Mutter aufzulehnen - und seiner Frau mit inständigen Bitten am Ende eine neue "procuration" aufzudrängen. Und damit beginnt der Hauptteil der "vie pécheresse", der bittere, hemmungslos ausschweifende, unglückliche.

Schon vorher hatte sich Mme Bovary allerlei zuschulden kommen lassen. So hatte sie Charles nicht nur bestohlen, sondern auch in einem fort belogen. Das Lügen war ihr sogar zum Bedürfnis geworden, "une manie, un plaisir, au point que, si elle disait avoir passé, hier, par le côté droit d'une rue, il fallait croire qu'elle avait pris par le côté gauche"[197].

Immerhin, Betrug und Diebstahl waren nötig gewesen für die schönen Tage mit Léon. Aber von nun an wird ihr Verhalten weit extremer, und auch der Geliebte vermag ihr immer weniger zu folgen.

Il ne savait pas quelle réaction de tout son être la poussait davantage à se précipiter sur les jouissances de la vie. Elle devenait irritable, gourmande, et voluptueuse; et elle se promenait avec lui dans les rues, tête haute, sans peur, disait-elle, de se compromettre[198].

Wieder treten die Todsünden gleich zu mehreren auf: Colère, Gourmandise, Luxure, Orgueil... Léon steht völlig im Banne der Heldin:

Il ne discutait pas ses idées; il acceptait tous ses goûts; il devenait sa maîtresse plutôt qu'elle n'était la sienne. Elle avait des paroles tendres avec des baisers qui lui emportaient l'âme[199].

Und das Kapitel klingt sogar aus mit der hintergründigen Frage:

Où donc avait-elle appris cette corruption, presque immatérielle à force d'être profonde et dissimulée?

Am stärksten tritt das diabolische Element in der Schilderung ihres Liebeslebens hervor. Jedes Zusammentreffen wird allmählich zur Enttäuschung, doch jedesmal kehrt Emma "plus enflammée, plus avide" zu Léon zurück:

Elle se déshabillait brutalement, arrachant le lacet mince de son corset, qui sifflait autour de ses hanches comme une couleuvre qui glisse. Elle allait sur la pointe de ses pieds nus regarder encore une fois si la porte était fermée, puis elle faisait d'un seul geste tomber ensemble tous ses vêtements; - et, pâle, sans parler, sérieuse, elle s'abattait contre sa poitrine, avec un long frisson[200].

Es ist nicht verwunderlich, daß derartige Beschreibungen im Prozeß um den Roman eine erhebliche Rolle spielten und daß Ankläger wie Verteidiger gleichermaßen Mühe hatten, diesen makabren Sündennimbus recht einzuordnen; "poésie de l'adultère!", ruft der erste entrüstet aus, und nicht ohne Scharfblick fügt er hinzu: "Voilà, messieurs, les situations que M. Flaubert aime à peindre, et malheureusement il ne les peint que trop bien"[201]. Der andere aber braucht nur weiterzuzitieren, um seinen Mandanten zu entlasten:

Cependant, il y avait sur ce front couvert de gouttes froides, sur ces lèvres balbutiantes, dans ces prunelles égarées, dans l'étreinte de ces bras, quelque chose d'extrême, de vague et de lugubre, qui semblait à Léon se glisser entre eux, subtilement, comme pour les séparer.

61

So kann maître Sénard dem Gericht entgegenschleudern: "Mais la mort est dans ces pages"[2o2].

Aber mit 'Tod' ist noch nicht alles gesagt, und es ist eine geschickt verharmlosende Beschönigung des Anwalts, wenn er mit dem einen Wort die Anstoß erregenden Sätze moralisch herauszureißen versucht. Was die angeprangerte Laszivität der gewagten und nur zu gut geschilderten Szene mit der Düsterkeit der folgenden Passage verbindet, ist letzten Endes das Pathos des Bösen, der Todsünde. Versäumt man es hier, die Versuchungsthematik zu berücksichtigen in ihrer verborgenen, doch immer wirksamer werdenden Erzählschicht, so könnte man geneigt sein, Flaubert jenes Schnürband übelzunehmen, das mit einer zischenden Schlange verglichen wird[2o3]. Gewiß, das sind Dinge, die Flaubert gern schildert. Er hat die romantische Schwäche für die Femme fatale, deren Attribut die Schlange ist[2o4]. Schon in 'Novembre' sagt Marie: "j'ai souhaité les enlacements des serpents" und "pour lui je me tordrai dans des mouvements de couleuvre"; und noch als Mathô die Fersen Salammbôs berührt, heißt es: "la chaînette d'or éclata, et les deux bouts, en s'envolant, frappèrent la toile comme deux vipères rebondissantes"[2o5]. Hier aber, in 'Madame Bovary', müßte der ohne jede parodierende Absicht vorgetragene Schlangenvergleich fehl am Platze, ja wie ein Stilbruch wirken, wenn es sich bei diesem Werk tatsächlich um nichts weiter als um eines jener "monuments stylistiques à la platitude provinciale et bourgeoise"[2o6] handelte. In der Geschichte einer vom Teufel Versuchten und Zugrundegerichteten hat das Bild hingegen durchaus seine literarische Berechtigung -, auch wenn man es vielleicht entbehren könnte.

Die "corruption" feiert also Triumphe in dieser letzten Zeit mit Léon, und dessen Mutter hat so unrecht nicht, wenn sie in Emma die Erzverführerin erblickt, "la sirène, le monstre, qui habite fantastiquement les profondeurs de l'amour"[2o7] - obgleich sich der Autor über die alte Dame zu mokieren scheint. Doch die Verderbnis beherrscht das Feld auch jetzt keineswegs allein, auch hier noch wird sie sogleich wieder abgelöst von ihrem Gegenpart. Auf die Beschreibung des tollen Treibens mit Léon folgt eine kleine Episode, Emmas letzter längerer Monolog in erlebter Rede, den man nicht anders verstehen kann denn als endgültigen Beweis der ihrem Wesen zugrunde liegenden Lauterkeit.

Auf einer Parkbank in Rouen sitzend läßt Emma ihr Leben noch einmal an sich vorüberziehen. Dabei ist ihr, als sei plötzlich das Verhältnis mit Léon genauso ferngerückt wie ihre früheren Erlebnisse, und sie wundert sich:

62

-Je l'aime pourtant! se disait-elle.

N'importe! elle n'était pas heureuse, ne l'avait jamais été. D'où venait donc cette insuffisance de la vie, cette pourriture instantanée des choses où elle s'appuyait?... Mais, s'il y avait quelque part un être fort et beau, une nature valeureuse, pleine à la fois d'exaltation et de raffinements, un coeur de poète sous une forme d'ange, lyre aux cordes d'airain, sonnant vers le ciel des épithalames élégiaques, pourquoi, par hasard, ne le trouverait-elle pas? Oh! quelle impossibilité! Rien, d'ailleurs, ne valait la peine d'une recherche; tout mentait! Chaque sourire cachait un bâillement d'ennui, chaque joie une malédiction, tout plaisir son dégoût, et les meilleurs baisers ne vous laissaient sur la lèvre qu'une irréalisable envie d'une volupté plus haute[208].

So einleuchtend sie wirken, bei näherem Hinsehen sind das für Mme Bovary recht eigentümliche Betrachtungen. Sie fühlt sich nicht glücklich, und es ist ihr, als sei sie es nie gewesen -, bis hierhin ist die Reflexion der Figur und ihrer Lage völlig angemessen. Doch mit der anschließenden Frage ("D'où venait donc?") scheint Flaubert seine Heldin ein wenig aus den Augen zu verlieren, um in den gehobenen elegischen Tonfall des unglücklichen Jünglings von 'Novembre' zu geraten. Um so sarkastischer erinnert er sich in den nächsten Zeilen wieder des geringen geistigen Niveaus seines weiblichen Quijote, noch einmal regt sich eine Hoffnung (dahinter steht der Gedanke an den Opernsänger Lagardy), die sich jedoch in ihrer Verstiegenheit selbst aufhebt, sogar in Emmas Augen. Plötzlich ist die Hoffnung entschwunden, und die Klage über den trügerischen Schein aller Dinge wird wiederaufgenommen[209]. Nun vergißt oder ignoriert Flaubert seine Protagonistin noch gründlicher; denn wer hätte gedacht, daß Mme Bovary sich von jeher nach einer auf Erden unerreichbaren "volupté plus haute" sehnte? Einzig der vergebliche Pfarrerbesuch und die religiösen Anwandlungen während ihrer schweren Krankheit lassen sich als schwache Stütze anführen; und nur in der verschleiernden Form der erlebten Rede, in der Autor und Gestalt sich undurchdringlich vereinigen, ist dieser Ausbruch überhaupt möglich. In diesem Monolog, in dem Emmas erotische Sehnsüchte ausdrücklich (und nicht nur unter der Hand) metaphysisch hochstilisiert werden, stoßen Goethe und Cervantes, das hohe Streben Fausts und die unbeirrte Illusionsfähigkeit Quijotes, ein wenig hart aufeinander. Es ist, bei aller scheinbaren Neutralität, ein letztes Werben Flauberts um des Lesers Gunst für Mme Bovary, die bald darauf in den Tod getrieben wird (die ersten Zahlungsaufforderungen kommen ins Haus). Daß diese Absicht den Zeilen zugrunde liegt, wird erhärtet durch das viel eindeutigere Jugendwerk 'Novembre'. Am Ende ihrer langen Lebensbeichte erkennt auch die Prostituierte Marie (die ebenfalls 'Paul et Virginie' gelesen hat), daß nichts auf Erden ihre

übergroßen Wünsche zu stillen vermag, und es offenbart sich ihr, daß
sie im Grunde unberührt ist: "Je suis vierge!"[210] Zu dergleichen
läßt sich der Autor von 'Madame Bovary' freilich nicht mehr verleiten -, und doch hält er dem Leser zuguterletzt das eindrucksvollste
Beispiel von Emmas "candeur" vor Augen.-

Der Hexenkessel beginnt, die infernalischen Zeichen häufen sich,
und es dominiert die Farbe rot, die bisher kaum eine Rolle spielte.

Der Mann, der Emma einen von ihr unterschriebenen Wechsel hinhält
(Lheureux hatte ihn zirkulieren lassen, obgleich er einst versprach,
es nicht zu tun), ist ein "homme d'allure chétive, rubicond et
chauve"[211]. Der schwarz-weiß gekleidete maître Hareng, der später mit
zwei Gesellen erscheint, um die Habseligkeiten der Bovarys zu inspi-
zieren, wirkt nicht anheimelnder; er wühlt alles durch und ergreift
selbst Emmas geheime Korrespondenz mit seiner "grosse main, aux doigts
rouges et mous comme des limaces"[212]. Beim Karneval in Rouen geht es,
wie zu erwarten, fast babylonisch zu. Jutta Lietz schreibt in ihrem
Aufsatz zur Farbsymbolik in 'Madame Bovary': "Diese Szene stellt, so
knapp sie auch gehalten ist, den tiefsten Punkt dar, bis zu dem Emma
gesunken ist, eine Art höllischen Kehraus. Emma trägt auf diesem Ball
rote Strümpfe und Samthosen, die in einer früheren Fassung bezeichnenderweise schwarz waren. Sie tanzt die ganze Nacht zu den wilden
Klängen der Posaunen und findet sich am Morgen in der Gesellschaft
von Matrosen und Hafenarbeiterinnen. Flaubert tut noch ein übriges,
um den unheilvollen Eindruck des Balles zu verstärken, er schildert
in einem apokalyptisch anmutenden Bild den Anbruch des Tages wie eine Fortsetzung des Festes"[213]. Denn als die vor Ekel und Erschöpfung
ohnmächtig gewordene Emma ans Fenster der Kneipe getragen wird, sieht
sie, wie "une grande tache de couleur pourpre s'élargissait dans le
ciel pâle"[214]. - Auch die halluzinatorische Vision nach Emmas letztem
erfolglosen Bittgang zu Rodolphe ist in rot gehalten:

La nuit tombait, des corneilles volaient.
Il lui sembla tout à coup que des globules couleur de feu éclataient
dans l'air comme des balles fulminantes en s'aplatissant, et tournaient,
tournaient, pour aller se fondre sur la neige[215].

Schon Emmas und Léons Hotelbett in Rouen hatte rote Vorhänge gehabt,
während diejenigen der heimfahrenden "Hirondelle" schokoladefarben
waren, doch blutige Schatten ins totenstille Innere der Kutsche war-
fen. Schließlich paßt unter das Stichwort 'Rot' auch noch die letzte
Erwähnung der verderblichen Lektüre; Emma verschlingt nun "des livres
extravagants où il y avait des tableaux orgiaques avec des situations
sanglantes"[216].

Der vorletzte Besuch bei Lheureux bereitet den letzten vor, bei
dem die Maske beinahe fällt. Schon bei der ersten dieser beiden rasch
aufeinanderfolgenden Zusammenkünfte gibt der Wucherer seine grausame
Kälte frei zu erkennen. Als Mme Bovary ihm erregt und ratlos die er-
haltene Zahlungsaufforderung hinhält und fragt, was nun geschehen
werde, antwortet er brutal: "Oh! c'est bien simple: un jugement du
tribunal, et puis la saisie...; 'bernique'!"[217] Emma muß sich zusam-
mennehmen, um ihn nicht zu schlagen. Zu allem Überfluß wird auch noch
einmal an den alten Tellier erinnert, Lheureux' anderes Opfer (über
dessen schlechten Gesundheitszustand der Händler bei seinem ersten
Besuch so makaber gescherzt hatte, und der nun tatsächlich ein Ster-
bender ist). Aber noch einmal wendet sich das Blatt, als Lheureux
merkt, daß ihm aus der Erbschaft der Bovarys noch eine Kleinigkeit
zufließen werde. Mit einigen weiteren Wechseln erhält Emma noch eine
Gnadenfrist, und der eisige Verderber verwandelt sich wieder in den
schmeichelnden Kriecher. Er verkauft ihr sogar noch etwas, drängt ihr
noch eine Spitze auf. "Et, plus prompt qu'un escamoteur, il enveloppa
la guipure de papier bleu et la mit dans les mains d'Emma"[218]. Dieses
letzte Stückchen Luxus aus seiner Hand wird in ein Papier gehüllt,
das noch einmal die Farbe von Emmas Träumen hat[219]. Nicht weniger
charakteristisch ist aber die Geste des Wucherers. Schon Peter Schlemihl bemerkte, bei aller Benommenheit, daß der Graue " mit bewunde-
rungswürdiger Geschicklichkeit"[220] den Schatten aufrollte und ein-
steckte.

Die Heldin ist gewarnt: sie hat Lheureux' Unerbittlichkeit zu
spüren bekommen, und sie unternimmt allerlei, um zu Geld zu gelangen.
Der unangenehm berührte Léon muß ins Leihhaus wandern mit vergoldeten
Löffelchen, dem Hochzeitsgeschenk Vater Rouaults. Doch auf die "vie
pécheresse" kann Emma nicht verzichten, wenn sie auch längst im Ehebruch "toutes les platitudes du mariage"[221] wiedergefunden hat; "elle
y tenait par habitude ou par corruption; (...) tarissant toute
félicité à la vouloir trop grande" - worin sie völlig der Dirne in
'Novembre' gleicht. Wenig später heißt es, die Ausschweifungen ihrer
Phantasie erschöpften sie mehr als die größten "débauches"[222], was
wiederum genau auf den melancholischen Jüngling des Frühwerks zu-
trifft. Deutlich ist hier überall zu erkennen, wie Flaubert dem Bedürfnis nach Orgiastisch-Exzessivem stattgibt, auch wenn die Einzelheiten sich fast widersprechen.

Doch Emmas Zeit ist um, die letzte Frist, die sie von Lheureux erhielt, verstrichen, und mit der schriftlichen Ankündigung des Gerichts,

daß in 24 Stunden all ihre Habe unter den Hammer kommen werde, eilt
sie wieder zu ihm in seinen Laden. Mit verschränkten Armen erklärt er
ihr:

Pensiez-vous, ma petite dame, que j'allais, jusqu'à la consommation
des siècles, être votre fournisseur et banquier pour l'amour de Dieu?

Es ist derselbe Wortwitz, den Goethe sich im 'Faust' erlaubt:

> Nein, nein! der Teufel ist ein Egoist
> Und tut nicht leicht um Gottes willen,
> Was einem andern nützlich ist[223].

Eigentümlich schillernd wirkt in diesem Zusammenhang die Wendung
"jusqu'à la consommation des siècles". Als Emma weiter protestiert:

-A qui la faute? dit Lheureux en sa saluant ironiquement. Tandis
que je suis, moi, à bûcher comme un nègre, vous vous repassez du bon
temps.
-Ah!pas de morale!
-Ça ne nuit jamais, répliqua-t-il[224].

Das einladende Grüßen der Versuchungsszene hat sich in ein spöttisches
verwandelt, und auch das bekannte diabolische Lehrmeistern wird in
gesteigerter Form wiederaufgenommen (durch die nunmehr ganz unverhüll-
te Ironie). Der folgende Zug des Händlers aber ist besonders aufschlußreich:

Elle fut lâche, elle le supplia; et même elle appuya sa jolie main
blanche et longue, sur les genoux du marchand.
-Laissez-moi donc! On dirait que vous voulez me séduire![225].

Schon Frau Marthe mußte sich wundern über Mephistos völlige Unempfäng-
lichkeit weiblichen Reizen gegenüber, und ebenso unerschütterlich
sind Zolas Faujas und Bernanos' Monsieur Ouine. Bei Mme Bovary aber
führt die Erkenntnis gerade dieses fatalen Merkmals offenbar zu einem
späten Augenblick der Erleuchtung, denn sie gerät auf einmal vollkommen außer sich. "Vous êtes un misérable!", schreit sie den Händler
an, woraufhin er nur lachend erwidert: "Oh! oh! comme vous y allez!"
Sie aber insistiert: "Je ferai savoir qui vous êtes". In einer früheren Fassung versetzte Lheureux darauf mit verblüffender Gelassen-
heit: "On me connaît"[226].

Doch wo sollte sie das nötige Geld herbekommen, fragt Emma verzwei-
felt. Und Lheureux weiß noch einmal Rat:

-Ah bah! quand on a comme vous des amis!
Et il la regardait d'une façon si perspicace et si terrible, qu'elle
en frissonna jusqu'aux entrailles[227].

Aber warum blickt er seine Kundin hier ein letztes Mal so an, daß sie
bis ins Innerste erschauert? Die Pfändung ist beschlossene Sache, er
hat das Spiel bereits gewonnen. Was für ein Interesse kann er daran
haben, Emma mit der ihm eigenen Blickgewalt auf das Geld ihrer Liebhaber hinzuweisen?

Gleich zu Beginn des nächsten Kapitels löst sich das Rätsel. Emma fährt nach Rouen, um Léons Hilfe zu suchen. Er ist ratlos angesichts der großen Summe, und so sitzen sie in ihrem Hotelzimmer.

Emma haussait les épaules, tout en trépignant. Il l'entendit qui murmurait:
   -Si j'étais à ta place, moi, j'en trouverais bien!
   -Où donc?
   - A ton étude.
   Et elle le regarda.
   Une hardiesse infernale s'échappait de ses prunelles enflammées, et les paupières se rapprochaient d'une façon lascive et encourageante; - si bien que le jeune homme se sentit faiblir sous la muette volonté de cette femme qui lui conseillait un crime. Alors il eut peur[228].

Deswegen also, um dieser alles krönenden "hardiesse infernale" willen, hatte der Wucherer noch einmal seinen dämonischen Blick spielen lassen, obgleich es ihm ganz gleichgültig war, wie er zu seinem Gelde kam. Aber Emma sollte noch ein letztes Mal "à l'instigation de Lheureux" ein Verbrechen begehen oder genauer: ihrerseits dazu verführen, nach Art der Teufelsbündner. Man beginnt ahnungsvoll, vor ihr zurückzuweichen. Nicht nur der ohnehin zaghafte Léon bekommt es mit der Angst, auch der Steuereinzieher, dem sie den gleichen Vorschlag wie dem Liebhaber macht, will nichts davon wissen; selbst der einst so wackere Krieger weicht erschrocken zurück, "comme à la vue d'un serpent"[229].

   Ihre Versuche schlagen sämtlich fehl. Da erscheint ihr plötzlich Rodolphe als der Retter aus aller Not, und dank diesem Kunstgriff Flauberts löst sich, nach der letzten und härtesten Enttäuschung, die ganze pekuniäre Misere auf in der weit umfassenderen Qual der 'illusions perdues'.

La folie la prenait (...) elle ne se rappelait point la cause de son horrible état, c'est-à-dire la question d'argent. Elle ne souffrait que de son amour, et sentait son âme l'abandonner par ce souvenir, comme les blessés, en agonisant, sentent l'existence qui s'en va par leur plaie qui saigne[230].

So erscheint die Geldaffäre nur noch als ein äußerer Grund, als bloßer Anlaß zum Selbstmord; sie kann als abgeschlossen betrachtet werden. Und da auch die letzte Konfrontation mit dem Versucher bereits stattgefunden hat, muß man sich fragen, ob es überhaupt sinnvoll ist, Mme Bovarys vielbesprochenes Ende noch in diese Betrachtung miteinzubeziehen.

   Tatsächlich aber schließt das Drama der Versuchung erst mit dem Tod der Heldin. Es erfährt eine ebenso frappierende wie konsequente Lösung.

Nach der überlangen Qual vollständig erschöpft, soll Mme Bovary
die Sterbesakramente empfangen. Schon der Anblick der priesterlichen
Stola tut ihr wohl, und ein gewisser Friede stellt sich ein. Sie empfindet wieder die "volupté perdue de ses premiers élancements
mystiques", und auf das Kruzifix drückt sie "de toute sa force expi-
rante le plus grand baiser d'amour qu'elle eût jamais donné"[231]. Dann
erfolgt die letzte Ölung, und sogleich gesellt sich der Erinnerung
an Emmas religiöse Verzückungen das Gegenbild ihrer sündigen Existenz
hinzu. Man hat nachgewiesen, wie realistisch Flaubert die kirchliche
Handlung wiedergibt. Weit wichtiger aber ist für die Interpretation
die kaum beachtete Tatsache, daß dabei eine entscheidende, alles um-
kehrende Veränderung vorgenommen wurde. Dem in dieser Hinsicht nur
zu hellhörigen Staatsanwalt ist sie nicht verborgen geblieben. Er be-
anstandet, daß die Szene auf eine "image voluptueuse" des Erdenwan-
dels hinauslaufe, die jeden Katholiken verletzen müsse. "Vous le
savez", erinnert er seine Hörer, "le prêtre fait les onctions saintes
sur le front, sur les oreilles, sur la bouche, sur les pieds, en
prononçant ces phrases liturgiques: 'Quidquid per pedes, per aures,
per pectus', etc. toujours suivies des mots 'misericordia'... péché
d'un côté, miséricorde de l'autre"[232]. Diese vorschriftsmäßige Reihenfolge hat Flaubert nicht eingehalten. Der Priester, so wird pau-
schal und einleitend berichtet, "récita la 'Misereatur' et l''Indulgen-
tiam'", und dann wird, sehr ausführlich, die letzte Ölung beschrieben:

d'abord sur les yeux, qui avaient tant convoité toutes les somptuosités
terrestres; puis sur les narines, friandes de brises tièdes et de sen-
teurs amoureuses; puis sur la bouche, qui s'était ouverte pour le
mensonge, qui avait gémi d'orgueil et crié dans la luxure; puis sur
les mains, qui se délectaient aux contacts suaves, et enfin sur la
plante des pieds, si rapides autrefois quand elle courait à l'assouvis-
sance de ses désirs, et qui maintenant ne marcheraient plus[233].

So steht am Ende nicht, wie es sich gehört hätte, die Bitte um Ver-
gebung und Barmherzigkeit, sondern der betörende Reigen der Todsünden
wird noch einmal aufs eindringlichste beschworen.

Mme Bovary liegt still da, sieht nicht mehr so bleich aus und hat
sogar eine "expression de sérénité", als habe die heilige Handlung sie
gesund gemacht, worauf der Priester nicht ohne Stolz hinweist. Charles
schöpft neue Hoffnung. Dann läßt sie sich auf einmal ihren Spiegel
geben, beugt sich eine Weile über ihn, bis plötzlich große Tränen
aus ihren Augen hervorbrechen[234]. Mit einem Seufzer fällt sie auf das
Kissen zurück. Sie fängt an zu keuchen, röchelt in furchtbarem Todes-
kampf:

Tout à coup, on entendit sur le trottoir un bruit de gros sabots, avec le frôlement d'un bâton; et une voix s'éleva, une voix rauque, qui chantait:

Souvent la chaleur d'un beau jour
Fait rêver fillette à l'amour

Emma se releva comme un cadavre que l'on galvanise, les cheveux dénoués, la prunelle fixe, béante.

Pour amasser diligemment
Les épis que la faux moissonne,
Ma Nanette va s'inclinant
Vers le sillon qui nous les donne.

-L'Aveugle! s'écria-t-elle.

Et Emma se mit à rire, d'un rire atroce, frénétique, désespéré, croyant voir la face hideuse du misérable, qui se dressait dans les ténèbres éternelles comme un épouvantement.

Il souffla bien fort ce jour-là,
Et le jupon court s'envola!

Une convulsion la rabattit sur le matelas. Tous s'approchèrent. Elle n'existait plus[235].

Auch wenn Flaubert, als er den blinden Bettler schuf, nicht von vornherein an den Tod der Heldin gedacht hat (wie aus den Entwürfen hervorgeht), so läßt sich doch angesichts dieser Szene die übliche Deutung der Gestalt als Symbol der Verdammnis kaum anzweifeln. Nicht nur die Szene selbst legt diese Interpretation nahe, sondern auch und vor allem die Komposition des Kapitels. Wie schon der Staatsanwalt voller Unmut feststellte, ist die Erscheinung des Elenden eine ein-deutige Replik zur letzten Ölung[236]. Ebensowenig läßt sich verkennen, daß der Blinde nach Emmas Tod ganz und gar "the ugly truth of life" ausdrückt; in der Konfrontation mit dem fortschrittsgläubigen Homais repräsentiert er das renitente, leidvolle Leben, dem nicht zu helfen ist. Sieht man sich einmal in anderen Werken des Verfassers nach ähn-lichen Figuren um, so stellt sich heraus, daß dieses zwitterhafte Symbolwesen seine Wurzeln in der frühesten Dichtung Flauberts hat, in dem kurzen Stück poetischer Prosa, 'Voyage en enfer' betitelt, das er als Dreizehnjähriger verfaßte. Die Hölle ist hier die Erde selbst, und Satan zeigt sie dem Jüngling, der sich angewidert fühlt von dem, was er sieht: Brudermord, Heuchelei, Krieg, Ehebruch; auch einige Allegorien erscheinen wie Freiheit, Absolutismus, Pedanterie und Ver-nunft. Am Ende aber konzentriert sich alles Elend in der Gestalt ei-nes zerlumpten Bettlers, "chargé de misère, d'infamie et d'opprobre". Die Menschen sehen ihn mit einem Gemisch aus Verachtung und Mitleid an - "et il les maudit tous; car ce vieillard, c'était la Vérité"[237]. Aus dieser Perspektive wird verständlich, wieso der Blinde in 'Madame Bovary' zugleich das Symbol der Verdammnis und der häßlichen Realität

werden konnte: in einer Welt, die die Hölle ist, mußte auch die 'Wahrheit' schließlich infernalische Züge annehmen.

In Fausts Todesstunde kämpfen himmlische und höllische Geister um
seine Seele -, sie wird gerettet, trotz Teufelspakt und allen damit
verbundenen schlimmen Folgen. Während Mephistos Niederlage Goethes
eigene originelle Abwandlung der überlieferten Geschichte vom Teufelsbündner ist, erscheint Flauberts böser Geist nach Pinettes Darstellung
in der älteren, starren Form, wie er bei allen Faust-Autoren vor
Goethe und in den Teufelsgeschichten der Romantik anzutreffen ist,
nämlich als Sieger. Genau besehen, hat Flaubert aber das alte Thema
in einer Weise zu Ende geführt, die der Goetheschen an Originalität
nicht nachsteht, die sich zudem einzigartig in den realistischen Rahmen der Erzählung fügt und damit auch dem Empfinden des modernen Lesers vollkommen entspricht. Flaubert läßt Emma im Augenblick des Todes ihre Verdammnis e r l e b e n . Das widerwärtige Antlitz des
blinden Bettlers wird ihr zum Schreckgespenst an der Schwelle zur
ewigen Finsternis, sie stößt das höhnische Verzweiflungsgelächter der
Verdammten aus und stirbt.

Schon einmal hatte Mme Bovary die Sterbesakramente empfangen, während ihrer schweren Krankheit nach der Flucht Rodolphes. An dieses
Ereignis, das einen nachhaltigen Eindruck auf Emma machte, erinnert
sich Charles bei ihrem Tod und schöpft neue Hoffnung. Nicht umsonst
spielt Flaubert darauf an, Emmas letzte Augenblicke sind ein grausa-
mes Pendant dazu. Damals war ihr, als höre sie seraphische Harfenklän-
ge, als sehe sie im blauen Himmel auf goldenem Thron Gottvater den
Engeln ein Zeichen geben, woraufhin diese zur Erde hinabfliegen, um
sie in ihren Armen emporzutragen. Diese "vision splendide"[238] entspricht genau dem Ende des Goetheschen 'Faust'. Aber es ist nur eine
Vision, und Emmas eigentlicher Tod ist das genaue Gegenstück zu diesem
strahlend sanften Eingehen und Aufgenommenwerden in die Herrlichkeit
Gottes.

So hat Flaubert einerseits das Versuchungsdrama konsequent aufge-
löst, und andererseits seine 'impassibilité' vollkommen gewahrt. Die
Versuchte und der Versuchung Erlegene ist gerichtet - in ihrer Vorstellung. Ihre Verdammnis wird weder von überirdischen Geistern noch
vom Erzähler ausgesprochen, sie ist, wie so vieles in dem Roman, ein
geistig-seelisches Erlebnis der Heldin. Das Entscheidende spielt sich
in ihrem Inneren ab und ist nicht ohne weiteres erkennbar; und so hat
Sartre wohl recht mit seiner Bemerkung, daß im Jahre 1857 ganz Frankreich "le récit d'une damnation" gelesen habe, ohne das geringste davon zu merken [239].

7o

Was aber bedeutet Mme Bovarys Ende mit seinen "supernatural implications" im Hinblick auf Flaubert selbst, der nicht an Himmel und
Hölle glaubte, sondern allenfalls an die Kunst? Mit folgenden Sätzen
charakterisiert Max Milner den Dichter des Jugendwerks: "ce n'est pas
entre (...) le bien et le mal que se joue le drame de Flaubert, c'est
entre le réel et l'imaginaire. Littéralement intoxiqué par la lecture,
Flaubert, chez qui les conduites d'auto-punition semblent avoir occupé
une place aussi importante que chez Baudelaire, se châtie d'avoir cru
à des songes"[240]. Diese Worte gelten ohne Einschränkung auch für den
Verfasser von 'Madame Bovary'.

III. VERSUCHUNGSTHEMATIK UND TEUFELSGESTALT
IN DEN JUGENDSCHRIFTEN FLAUBERTS

Schon in dem im Winter 1838/39 entstandenen 'Smarh', dem größten
und ehrgeizigsten seiner Schülerversuche, wetteifert der eben sieb-
zehnjährige Flaubert mit Goethe. In einer später angefügten Selbst-
kritik des Autors heißt es: "tu te regardais comme un petit Goethe.
L'illusion n'est pas mince"[241]. Daß der junge Romantiker sich dabei
ausgerechnet für die Form des Mysterienspiels entschied, ist keineswegs verwunderlich. Nachdem Byron bereits 1821 seinem auch für Flaubert maßgeblichen 'Cain' den Untertitel 'A Mystery' gegeben hatte,
war die Gattung wiederauferstanden und beliebt geworden ('Heaven and
Earth' trägt ein Jahr später dieselbe Bezeichnung); und auch Edgar
Quinets 'Ahasvérus', die Hauptquelle für 'Smarh', endet mit den Worten: "Ici finit le mystère d'Ahasvérus. Priez pour celui qui l'écrivit"[242]. Gewöhnlich wird 'Smarh' im Hinblick auf 'La Tentation de
saint Antoine' betrachtet (im Anhang zu diesem Werk werden etwa in
der Pléiade-Ausgabe auch einige Szenen der Jugendschrift abgedruckt),
und tatsächlich wird schon Smarh vom Teufel versucht; bis in Einzelheiten hinein wirkt das 'Vieux mystère', das sechs Jahre vor der Bekanntschaft mit dem berühmten Breughelschen Versuchungsgemälde entstand, wie eine allererste 'Tentation'. Zwar fußt auch 'Smarh' schon
auf früheren Versuchen des jugendlichen Erzählers, doch unterscheidet
es sich von ihnen nicht nur durch seinen weit bedeutenderen Umfang,
sondern auch, zumindest in den Anfangsszenen, durch die Charakterisie-
rung der zentralen Figur, des von Satan in die Geheimnisse des Seins
eingeweihten Eremiten Smarh: sein geistiges Format ist gering, nicht
größer als das des heiligen Antonius. Durch die mangelhafte Intelli-
genz des Helden entsteht der Eindruck, daß der Autor sich nicht völlig
mit ihm gleichsetzt, die Dummheit wirkt wie eine Barriere zwischen Ge-
schöpf und Autor bzw. Leser, und das verleiht dem Werk innerhalb dieser Tradition lyrisch-philosophischer Lesedramen eine besondere Note.
Mit einem interessanten, abtrünnigen, der Hölle verschworenen und
einsam leidenden Protagonisten identifiziert sich jeder gern, bei
einer etwas törichten Hauptgestalt verhält es sich anders. So kann
man durch die sich hier ankündigende Distanzierungstendenz, die allerdings nicht durchgehalten wird, beinahe schon einen echten Flaubert in 'Smarh' erkennen. Der sich aufdrängende Vergleich mit dem

Versuchungsdrama läßt aber all diejenigen Züge in den Hintergrund treten, die der Jugendschrift eigentümlich sind oder sie mit anderen Werken, 'Madame Bovary' etwa, verbinden[243].

Was zunächst am meisten an 'Smarh' auffällt (und in der 'Tentation' nicht so unmittelbar hervortritt), ist die unermüdliche, zwanghaft wirkende Vorstellung von grausamer - und oft genug lustvoller - Vernichtung, von körperlicher und moralischer Fäulnis, von persönlichem und allgemeinem Ende. Bringt man es über sich, das zunächst schon imponierende, dann in der Ballung des Extremen aber recht monotone Werk zu Ende zu lesen, so wohnt man alles in allem etwa einem halben Dutzend mehr oder weniger globaler Untergänge bei.

Es beginnt gleich mit der Ankündigung, daß wir uns am Ende aller Dinge befänden. Nach Christi Erscheinen habe die Menschheit einen Augenblick lang ihr Haupt zum Himmel erhoben, sei aber dann in ihr altes Treiben zurückgefallen:

elle avait recommencé sa vieille vie, et les empires allaient toujours, avec leurs ruines qui tombent, troublant le silence du temps, dans le calme de néant et de l'éternité.
    Les races s'étaient prises d'une lèpre à l'âme, tout s'était fait vil.
    On riait, mais ce rire avait de l'angoisse, les hommes étaient faibles et méchants, le monde était fou, il bavait, il écumait, il courait comme un enfant dans les champs, il suait de fatigue, il allait se mourir.
    Mais avant de rentrer dans le vide, il voulait vivre bien sa dernière minute; il fallait finir l'orgie et tomber ensuite ivre, ignoble, désespéré, l'estomac plein, le coeur vide.

Danach werde der Teufel triumphieren:

Satan n'avait plus qu'à donner un dernier coup, et cette roue du mal qui broyait les hommes depuis la création allait s'arrêter enfin, usée comme sa pâture.
    Et voilà qu'une fois on entendait dans les airs comme un cri de triomphe, la bouche rouge de l'enfer semblait s'ouvrir et chanter ses victoires[244].

Satan selbst weist noch einmal auf seinen allgemeinen Erfolg hin und wendet sich dann an den Erzengel Michael, um ihm zu melden, daß er den bravsten aller Eremiten in kürzester Frist zu verderben gedenke[245]. In mephistophelischer Verkleidung kommt er als Doktor zu dem Einsiedler und stellt ihm allerlei verfängliche Fragen[246]. Schließlich verspricht er dem schlichten Mann "science" und verschwindet; Smarh ist in Unruhe versetzt worden. Alles wird ihm plötzlich eng, nichts befriedigt ihn mehr, und in dem Augenblick, da er sich nach längerem Selbstgespräch fragt: "Où est donc l'être inconnu qui m'a bouleversé l'âme?", erscheint Satan sogleich wieder und bietet ihm an, die große und die kleine Welt unter seiner Führung kennenzulernen[247]. Bald

schweben beide, wie Faust und Mephisto, wie Cain und Luzifer, durch
die Lüfte, und auch hier verwirrt der Teufel sein Opfer mit provo-
zierenden philosophischen Fragen; doch anders als bei Goethe und Byron
wird alles unvermutet Anlaß zu Untergangsvisionen. Beim Anblick des
tobenden Meeres etwa erinnert Satan daran, daß die Erde schon einmal
vernichtet worden sei, worauf Smarh entgegnet: "Au déluge, on me l'a
dit, quand tous les hommes furent maudits et que la corruption eut
gagné tous les coeurs." Sein Gesprächspartner läßt sich die Gelegenheit nicht entgehen, mit Lust das Grauen einer totalen Katastrophe zu
schildern. "Et l'immense joie de la mort s'étendit sur cette solitude".
Auf die entsetzte Reaktion des Eremiten erklärt er: "Mais le déluge
dure encore"; das Übermaß des Bösen auf der Welt sei "comme une mer
qui monte"[248].

Der Weltraumflug erfüllt Smarh bald mit Schrecken, und so wird ihm
die Rückkehr zur Erde gestattet. Was hat er auf seiner Reise gelernt?
Daß die Schöpfung in leidvollem Taumel einem einzigen Ziel entgegen-
eilt, dem Tod, dem Nichts; daß Gott, der die Dinge so eingerichtet hat,
nicht gut sein kann, und daß die in ihm, Smarh, geweckten Sehnsüchte
offenbar nicht gestillt werden können durch "science". Der Eremit hat
gelernt, wie Max Milner es ausdrückt, "qu'il n'y a pas de commune
mesure entre ses aspirations idéales et le monde réel"[249]. Das aber
ist die Anschauung, die auch 'Madame Bovary' zugrunde liegt, und das
"vieux mystère" des Schülers zeigt nicht zuletzt, wie leicht bei Flaubert eine von dieser Erkenntnis bestimmte Thematik - im Verein mit dem
Untergangsrausch - das Auftreten des Teufels hervorrufen konnte[250].

Der Ausflug in die kleine Welt des Menschen findet unter der Lei-
tung eines anderen teuflischen Geistes statt, den Satan hinzuruft.
Yuk, der Dämon des Grotesken, wohl unter dem Eindruck Hugos und der
'Préface de Cromwell' entstanden, ist offenbar eine infernalische
Schöpfung Flauberts[251]. Er führt Smarh unter höhnischem Gelächter
"l'enfer de la vie" vor[252]. Was der Held zu sehen bekommt, ist sehr
unterschiedlich. Lebensgeschichten, die keineswegs in seiner klein-
asiatischen Heimat, sondern vielmehr im Paris der Gegenwart zu spielen scheinen, wechseln ab mit symboldurchtränkten Bildern aus der
Menschheitsgeschichte. So nimmt in der ersten Szene, die Smarh von Yuk
vorgeführt bekommt, ein edler Rousseau-Wilder Abschied von seinem
idyllischen Naturleben, um den Weg in die Stadt anzutreten, und der
Teufel "se mit à rire en voyant l'humanité suivre sa marche fatale et
la civilisation s'étendre sur les prairies"[253]. Hier wird nicht ohne
Raffinesse das Versuchungsmotiv gespiegelt: der "sauvage" hatte den

74

Einflüsterungen von unbekannten Feen nachgegeben, die offenbar die
Todsünden waren. Die Stadt ist natürlich das Zentrum der Korruption,
die Städter sind Verlorene, und der gute Geist des Wilden warnt ihn:
"car ils mentent, car leur bonheur est un rire, leur ivresse une
grimace d'idiot"[254]; fast glaubt man, bereits eine Skizze von Emmas
irrem Blinden zu erkennen. Satan, Yuk und Smarh besehen sich die Stadt
und dringen in den königlichen Palast ein; dort hausen die Todsünden,
die sich den Ankömmlingen vorstellen. Alles endet mit Yuks Gelächter.
In der Stadt gibt es auch eine ehrwürdige alte Kirche, doch sie ist
fast leer und verfällt; "le plâtre est tombé d'entre les pierres, les
figures des saints sont grises et mangées par le temps; la rosace avec
ses gerbes se décolore; la voûte elle-même s'éventre"[255]... Bei der
Lektüre von 'Smarh' wird deutlich, warum in der Kirche von Yonville,
obgleich sie gerade eben restauriert wurde, "la voûte en bois commence
à se pourrir par le haut, et, de place en place, a des enfonçures
noires dans sa couleur bleue"[256]. Die Verfallsvisionen des jugendlichen Schriftstellers dringen hier durch, die sich einst ganz unge-
hemmt auslebten: in 'Smarh' läßt er die Kirche unter großem Getöse -
und Yuks obligaten Lachsalven - zusammenstürzen[257].

Im Hinblick auf den späteren Roman ist besonders aufschlußreich,
was der Teufel unter dem Titel "Petite comédie bourgeoise" zu zeigen
hat. In den ersten drei Szenen dieser Komödie werden Verlobungszeit,
Eheschließung und Flitterwochen[258] eines jungen ungleichen Paares vorgeführt. Sie ist ein behütetes, unerfahrenes Mädchen, "de plus elle
aimait la poésie, les rêves, les pensées capricieuses, brumeuses et
vagabondes". Er ist eine Mischung aus Charles und Rodolphe, "beaucoup
plus bête qu'elle ne le croyait", zugleich aber rücksichtslos, lebens-
tüchtig und dem Genuß ergeben[259]. Lamartine schätzt er nicht. Seine
wenig poetische Art bekümmert sie zunächst, dann kommt sie auf andere
Gedanken, "elle commença à aimer le monde, à vouloir aller au bal"[260].
Ihr Mann willigt ein, es befriedigt seinen Stolz, wenn sie auf Festen
brilliert und alle Welt bezaubert. Die folgenden Szenen schildern die
lange Ehe der beiden, "unis par la loi, désunis par le coeur"[261]. Sie
bekommen ein Kind, bleiben jedoch einander fremd. Das Leben der Frau
wird als einsam und leidvoll hingestellt, sie stirbt zuerst.

La scène VI est toute remplie par un rire de Yuk, qui termina ici
la comédie bourgeoise, en ajoutant qu'on eut beaucoup de peine à
enterrer le mari, à cause de deux cornes effroyables qui s'élevaient
en spirales. Comment diable les avait-il gagnées, avec une petite
femme si vertueuse?[262]

Auch hier also die Frau, die ihrem Manne überlegen ist (besonders was

Geist und Phantasie anlangt), die ein zugleich verzweifeltes und ehe-
brecherisches Leben führt, in das sie sanft hineingleitet -, der erste
Schritt ist ebenfalls ein Ball. Auch hier ein einzelnes Kind, das keinerlei Einfluß auf die Lage hat. Und die nachträgliche Enthüllung des
Ehebruchs entspricht Charles' späten Entdeckungen. Der Teufel allerdings greift nicht in die Handlung ein, nur sein Gelächter ertönt bei
der Hochzeit wie am Ende.

Es gibt jedoch noch ein anderes Frauenschicksal in diesem Werk,
über das Yuk nicht nur lacht, sondern auf das er direkt einwirkt. Bereits zu Beginn des Mysterienspiels, lange bevor er die Führung Smarhs
übernimmt, hat der Dämon des Grotesken seinen ersten Auftritt. Hier
versucht er, eine Frau in den Ehebruch zu treiben. Sie hatte zu dem
Eremiten gehen wollen (wie Emma zu Bournisien), um sich Rat zu holen
in ihrer Not. Während nun in der Hütte Smarh mit Satan debattiert,
gibt sich draußen Yuk mit der wartenden Frau ab. Wie in der Garten-
szene des 'Faust' wohnt der Leser abwechselnd der einen und der anderen Unterhaltung bei. Die Situation der unbefriedigten und von Wünschen
bedrängten braven Ehefrau ist Yuk völlig klar, und er schildert ihr
unverblümt ihre eigenen Nöte. "Vous êtes donc du pays pour savoir
cela?"[263], staunt sie. Er geht nicht darauf ein, und sein Geplauder
wird immer impertinenter. Von ihm brauche sie nichts zu fürchten, er
sei alt, und sie sei ja "mariée à un brave homme. Oh! un bon excellent
homme, mais un peu benêt, entre nous soit dit"[264], so fängt er an.
"Et vous êtes heureuse ainsi?" Ihre erste Antwort ist noch recht fest:
"Bien heureuse, mon seigneur, que me faut-il de plus?" Als er insistiert "Heureuse avec un pareil homme?", wird sie kleinlauter. "Mon
Dieu, oui, il le faut bien"[265]. Yuk knüpft sofort an: "Oui, il faut
bien se résigner". Und er schildert darauf ihren trostlosen Alltag,
ihre täglichen Selbstgespräche:

tout en faisant le ménage on est triste, et de grosses larmes vous
remplissent les yeux: "Si le sort avait voulu pourtant, je serais
autre, mon mari serait beau, grand joli cavalier, aux sourcils noirs
(...); pourquoi donc n'ai-je pas eu ce bonheur?" et l'on rêve longtemps, on s'ennuie, le mari revient (...) Quel homme!
Vous vous demandez si cela sera toujours ainsi[266].

Eine ganze Anzahl von Sätzen kehrt fast wörtlich in 'Madame Bovary'
wieder[267], und auch das unmittelbar Folgende wirkt wie eine Skizze
der ersten Hälfte des Romans:

Longtemps vous vous êtes bornée aux rêveries, aux rêves, aux
démangeaisons, mais l'aiguillon de la chair vous tient depuis longtemps, et chaque jour vous dites: "Quand cela arrivera-t-il? est-ce
bientôt?"[268]

Da gibt sie es schließlich zu; "mais je résiste, je combats, et je venais consulter même..." Mit beschwörenden Worten lädt Yuk sie statt dessen ein, ihren Träumen und Trieben bei der ersten sich bietenden Gelegenheit nachzugeben. Betört eilt sie von dannen, um seine Empfehlungen in die Tat umzusetzen.

Hier steht genau das im Mittelpunkt, was in der "Petite comédie bourgeoise" ausgespart wird. Da erfährt man nur am Ende vom Teufel, als völlig unerwartete Pointe, daß die Frau eine Ehebrecherin war. Man blickt verwundert auf die fünf kurzen Szenen zurück und sucht nach Indizien. Aber wie und wann, in welcher der "phases successives de la vie matrimoniale"[269] es dazu gekommen ist, bleibt dunkel. Gerade das wird in der einleitenden Versuchungsszene Yuks(die mit der Versuchung Smarhs durch Satan parallel läuft) zur Sprache gebracht: das allmähliche Hineingleiten in Träume, Bedürfnisse, verzweifeltes Warten und schließlich in die nicht länger aufschiebbare Tat. Der Teufel braucht dabei nicht viel mehr zu tun, als der Frau den Zustand ihres eigenen Inneren bewußt zu machen. Wenn er auch nicht alle Herrlichkeit der Erde in der Gestalt von Spitzen und Seidenschärpen vor seinem Opfer ausbreitet, so weiß er ihm doch in höchst suggestiven Worten das Glück einer Liebesnacht vor Augen zu führen. Versuchungsszene und Andeutung einer Pfarrerszene, hier sind sie bereits gemeinsam zu erkennen.

So wird an den beiden weiblichen Nebenfiguren in 'Smarh' schon eine Versuchungs- und Ehebruchspsychologie erprobt, welcher der spätere Roman nicht mehr allzuviel hinzuzufügen hat. Was aber den Eremiten selbst anlangt, so wehrt er sich gegen Satans Verführungen so wenig, daß deren Wirkung auf den Leser mehr oder weniger verpufft. Der Teufel kann noch so eindringlich locken:

Allons! allons! tout est à toi, l'enfer va te servir, le monde, pour te plaire, s'étale comme une nappe. Que veux-tu manger? de quoi veux-tu te nourrir? De gloire? des voluptés? des crimes? Tout, tout est à toi[270].

Da sein Opfer kaum Bedenken hat (hierin ganz anders als der heilige Antonius, vielmehr mit Faust verwandt), bleibt die Szene ohne jede Kraft und Spannung. Die weit umfassendere Versuchung Smarhs ließ sich auch sehr viel schwerer darstellen als die relativ engbegrenzte des Herzens und der Sinne, für welche offenbar die Frauengestalten zuständig sind.

Es erübrigt sich, das lange Mysterienspiel im einzelnen durchzugehen. Festgehalten sei aber, daß Smarhs Sehnsüchte wachsen, je mehr er vom Teufel geboten bekommt; und zugleich wachsen die Dimensionen seiner Persönlichkeit, die gigantische Ausmaße annimmt. Wie Ahasvérus wird er zum Sinnbild der Menschheit, deren Geschichte bis zum Ende der Welt sich an ihm erfüllt. Nach einem märchenhaften Liebesfest, mit den schönsten Frauen, im prächtigsten Schloß, empfindet er nichts als Überdruß, Ennui, ja in seiner Enttäuschung muß er selbst bitter lachen, wie sonst sein Meister Yuk. Er verlangt anderes, eine Armee, "des batailles! du sang!"[271] So eilt er über die Erde hin, eine lange Blutspur hinter sich; die unzähligen Bilder von Vernichtung und Verwesung münden schließlich in eine Konfrontation mit "La Mort" ein, die sich Smarh und Yuk entgegenstellt, dann aber die Herrschaft mit Yuk zu teilen bereit ist. Am Ende des Spiels (das immer epischere Züge annimmt und seinen dramatischen Charakter mehr und mehr verliert) ist in Smarh so wenig von dem törichten, braven Eremiten mehr übrig, daß er plötzlich ganz mit dem Autor eins zu sein scheint, er wird zum Höchsten und Edelsten, das man auf Erden sein kann: zum Dichter. Und als er gerade wieder beginnt, an allem zu verzweifeln, da naht sich ihm unerwartet eine ebenso gute wie schöne Trösterin. Doch Satan und Yuk schalten sich ein, Smarh wird ins Nichts gestoßen, Yuk triumphiert - auch über Satan, der eine Träne vergießt -, und er erstickt in seinen Armen die Schöne, unter Gelächter. Das "monstre éternel"[272], das sich zu Beginn als "serviteur indigne"[273] Satans bezeichnete, bleibt als Sieger zurück. Es ist dem Verfasser bei der Arbeit zur eigentlichen Inkarnation des Bösen geworden, so daß die traditionelle Satansfigur, die in den entsprechenden früheren Versuchen Flauberts die Szene beherrscht hatte, am Ende fast überflüssig wirkt. Um die Bevorzugung Yuks verständlich zu machen und die Entwicklung der Versuchungsthematik von Anbeginn zu verfolgen, muß auf die verschiedenen Vorstufen von 'Smarh' ('Voyage en enfer', 'Rêve d'enfer', 'Agonies' und 'La danse des morts') kurz eingegangen werden.

In dem nicht viel mehr als eine Seite einnehmenden 'Voyage en enfer' erschien Satan dem noch nicht vierzehnjährigen Dichter wie der Versucher Christi auf der Höhe eines Berges, "au haut du mont Atlas"[274], um ihm die Welt zu zeigen. In ihr gibt es nichts als Verbrechen, Elend, Schmutz, was sich allegorisch in der Gestalt des zerlumpten alten Mannes darstellt: "La Vérité". Daraufhin will der Enttäuschte Satans Reich kennenlernen, dieser jedoch antwortet nur "Le voilà" und erläutert dem Verwunderten: "c'est que le monde, c'est l'enfer!"[275]. Der in kurzen, feierlichen Bibelversen abgefaßte Text läuft ganz auf diese Schlußwendung hinaus; nicht nur aus Gründen literarischer Aktualität, sondern auch, weil die Welt als Hölle dastehen sollte, empfahl sich Satan als der geeignete Führer. Eine regelrechte Versuchung aber ist hier nicht zu erkennen; ohne irgendwelche Konsequenzen zu zeitigen, ist nur die traditionsgeheiligte große Geste des Versuchers vorhanden, das Zeigen der Welt von einem hohen Berg aus.

Dieses für den Erwachsenwerdenden sicher nicht untypische Gleichnis bleibt noch recht blaß und schemenhaft[276]. Im nächsten, zwei Jahre später geschriebenen Satansspiel dagegen, das sich im einzelnen viel disparater und kindlicher ausnimmt, sind einige Konstanten Flaubertscher Geisteshaltung bereits zu erkennen. In 'Rêve d'enfer' ist das Übel nicht mehr in einer der Welt inhärenten Verderbtheit zu sehen, sondern die Unmöglichkeit, Befriedigung zu finden, ist auf die zu hohen Ansprüche des übermenschlichen Helden Arthur d'Almaroës zurückzuführen. Das Glück?, so spricht er zu Satan: "Je l'ai cherché longtemps, je ne l'ai jamais trouvé; cette science était trop bornée, cette gloire trop étroite, cet amour trop mesquin"[277]. Ihm kann der Teufel nichts bieten; dafür gelingt diesem die Korrumpierung eines einfachen jungen Mädchens, das er als Werkzeug gebrauchen will, um dem Geistesheros doch noch beizukommen. Man stößt hier auf die Urform von Yuks Versuchungsszene; in staunenswertem Ausmaß schöpft Flaubert immer wieder aus eigenen Quellen.

Anders als sonst war der Hirtin schon den ganzen Tag zumute gewesen; anstatt sich, wie gewöhnlich, unbeschwert in Wald und Feld herumzutummeln, hatte sie träge und träumerisch im Gras gelegen. "Elle était oppressée, son coeur brûlait, il désirait quelque chose de vague, d'indéterminé, il s'attachait à tout, quittait tout, il avait l'ennui, le désir, l'incertitude"[278]. Unfroh kehrt sie nun heim, die Sonne geht unter, das Licht wird rötlich, es dämmert, kleine Flammen tanzen umher. Da naht sich dem Mädchen ein Herr, ein "étranger", mit Augen, die wie zwei Kohlen glühen. Ob sie glücklich sei, will er wissen, genau wie Yuk. Sie verneint. "N'est-ce pas que tu souhaites une autre vie, des voyages lointains? (...) n'est-ce pas que le duc Arthur est beau, riche et puissant? Et lui aussi, il aime les rêves, les sublimes extases!"[279]. Und Julietta verzehrt sich fortan vor Sehnsucht nach dem gleichgültigen Helden, am Ende wirft sie sich ins Meer.

Der junge Flaubert scheint sich in beiden zu spiegeln, im Ideal des unerschütterlichen Herzogs ebenso wie in dem sehnsuchtskranken Mädchen. Obgleich es hier noch ein und derselbe Teufel ist, tritt der Böse schon, wie in 'Smarh', in zweierlei Gestalt auf. Der im Kampf unterliegende Partner Arthurs ist ein häßliches Tier (was wohl auf das Bemühen hindeutet, sich von einem romantisch-majestätischen Satan zu lösen), der Verderber Juliettas ist ein Fremder, kostbar in schwarze Seide gekleidet,doch häßlich, mit rotem Schnurrbart. Denn es handelt sich bei Mann und Frau bereits um verschiedenartige Versuchungen, bei dem ersten geht es mehr um den Geist, bei letzterer allein um das Herz... Bei diesem zweiten Versuch stellt Flaubert Satan erheblich aktiver dar, doch prallen dessen Attacken an dem halbgöttlichen, indifferenten Heros ab. Dagegen schleicht sich das Versuchungsmotiv durch eine zunächst nebensächlich wirkende Mädchengestalt in das Werk ein und erhält auch schon einige Nuancen, die von nun an zum stehenden Repertoire gehören werden.

In 'Agonies' knüpft Flaubert sehr viel spürbarer an sein Erstlingswerk 'Voyage en enfer' an. Der Held - es wird hier auch die Ich-Form wiederaufgenommen - deklamiert im Bibelton unter besonders starkem Einfluß von Quinet und Chateaubriand. Erst am Ende dieses sehr rhetorischen, Fragment gebliebenen Werks wird von einer Erscheinung Satans berichtet. Er lädt den Helden mit den Worten ein: "Viens, viens à moi; tu as de l'ambition au coeur et de la poésie dans l'âme"[280]. Zum ersten Mal ist es hier der Protagonist selbst, der mit seinem strebenden Herzen und dem fatalen Hang zur Poesie dem Bösen die willkommenen Ansatzpunkte bietet. Wie elend es in der Welt auch zugehen mag, das Leiden daran hat seine Wurzel in der eigenen Seele: die Quintessenz von 'Rêve d'enfer' ist also in diesen zweiten, plötzlich abgebrochenen Versuch eines 'Voyage en enfer' eingegangen.

Auch 'La danse des morts' gehört zu den Vorstudien von 'Smarh', hier werden bereits die Todsünden aufgeführt, die später den heiligen Antonius so hart bedrängen. In unserem Zusammenhang ist dieses Stück jedoch weniger ergiebig, da Satan hier Christus selbst zum Partner hat, dem er die jammervolle Welt triumphierend vorführt. Ein menschlicher Bezugspunkt und eine Versuchung fehlen folglich (dafür wird einleitend ausführlich der Prüfungen gedacht, die Jesus einst zu bestehen hatte). Überblickt man diese Gedankenpoesie, in der es der junge Flaubert immer wieder in ähnlicher, romantisch-kühner und feierlicher Weise unternimmt, eine Anschauung von Gott und Welt niederzulegen, so hat man einige Mühe, die geistige Botschaft des Schülers auf eine Formel zu bringen, was ebenso an der Unausgegorenheit der, zum Teil gewiß bewunderungswürdigen, Texte liegt wie an der Vielfalt der Vorlagen. Doch geht es Flaubert sichtlich immer weniger um Gut und Böse, um Auflehnung gegen Gott (Byron) oder Zukunft des Menschengeschlechts (Quinet) - und darum dürfte er sich auch zunehmend zu dem nicht so festgelegten, allgemeingültigeren 'Faust' hingezogen gefühlt haben.

Was sich als Grundthematik herausbildet, ist jedenfalls die Unzuläng-
lichkeit alles Irdischen angesichts der Unstillbarkeit des sehnsuchts-
vollen Menschenherzens[281]. Und um dieses Mißverhältnis auszudrücken,
griff Flaubert zu der Figur Yuks, die seinen Absichten dienlicher war
als die vorgeprägte Satansgestalt mit ihrer durch die Romantik ver-
klärten Rebellenphysiognomie. Yuk philosophiert nicht, er schwebt
nicht über dem sündigen Treiben der Welt, das er hohnlachend kommentiert, vielmehr steckt er mitten darin und faßt es in sich zusammen.

Et Yuk est encore là avec son ignoble figure; il bave sur la pourpre (...); il brise les statues, il boit les vins et crache sur les
mets; il prend les femmes, les épuise depuis la tête jusqu'aux pieds,
depuis les larmes jusqu'au rire, le corps et l'âme; il fait tout vil
et laid (...); le voilà qui s'établit comme un roi dans la volupté
et qui la rend vénale, ignoble, crapuleuse et vraie[282].

Das Leben ist eine bitter enttäuschende Farce, oder, wie Yuk selbst
erklärt: "Le Dieu du grotesque est un bon interprète pour expliquer
le monde"[283]. Und seine Interpretation besteht eben in jenem unge-
heuerlichen Gelächter, das vielsagend genug ist:

Et il riait, après cela, d'un rire de damné, mais un rire long,
homérique, inextinguible, un rire indestructible comme le temps, un
rire cruel comme la mort, un rire large comme l'infini, long comme
l'éternité, car c'était l'éternité elle-même. Et dans ce rire-là
flottaient, par une nuit obscure sur un océan sans bornes, soulevés
par une tempête éternelle, empires, peuples, mondes, âmes et corps,
squelettes et cadavres vivants, ossements et chair, mensonge et vérité,
grandeur et crapule, boue et or; tout était là, oscillant, dans la
vague mobile et éternelle de l'infini.
Il sembla alors à Smarh que le monde était dépouillé de son écorce
et restait saignant et palpitant, sans vêtements et sans peau. Son
oeil plongea plus loin dans les ténèbres[284].

Mit der Einführung dieser Gottheit will Flaubert die "immense duperie"
des Lebens oder besser, des Glaubens, Liebens und Hoffens Gestalt gewinnen lassen; später wird die "bouffonnerie triste" dasselbe in sub-
limierter Weise ausdrücken.

In der 'Tentation' heißt der Teufel weder Yuk noch Satan, sondern
einfach "le diable"; in der letzten Fassung der 'Tentation' erscheint
er gar dem Heiligen in der Gestalt seines ehemaligen Schülers Hilarion.
Er erhält weit weniger Eigenbedeutung als in den früheren Werken,
steht vielmehr ganz im Dienste der Versuchungsthematik. Was diese
selbst anlangt, so zeigte sich, daß sie seit ihrem ersten, gleichsam
pantomimischen Erscheinen auf dem hohen Berge Atlas allgegenwärtig
ist in den mystischen Jugendschriften, obgleich sie nur zögernd auf
verschlungenen Pfaden zur Entfaltung gelangt. Es fehlt zunächst jede
Koordinierung. Unverbunden steht etwa in 'Rêve d'enfer' alles neben-
einander: die mit eigenen Kämpfen beschäftigte Teufelsfigur und ihre

81

plötzliche Aufforderung an Arthur zu lieben; isoliert steht auch das
Prinzip der Seele, die verwirrenderweise gerade Satan zugeteilt wird,
neben dem des Geistes mit seinem Ennui und dem des Herzens mit seiner
Sehnsucht nach Hingabe. Nicht genug damit, daß die Verführung durch
das Böse in eine verstandes- und in eine gefühlsmäßige aufgegliedert
ist, die Teilung wird noch durch den Umstand vertieft, daß die entscheidende Szene der Hirtin eine kleine phantastische Erzählung für
sich ist, so daß das Stück auch formal auseinanderfällt. Doch bei aller Zersplitterung und Unentschlossenheit bleibt die Herrschaft des
Versuchungsthemas in all diesen Werken charakteristisch (auch wenn
es nicht voll ausgespielt wird), und man kann sich fragen, wie die
anhaltende Besessenheit von diesem Thema bei einem von Anfang an er-
staunlich ungebundenen Geist zu verstehen ist[285]. Einleuchtend klingt
die Behauptung von E.L. Gans, daß in der ersten Höllenfahrt des kind-
lichen Autors (die ja in Wahrheit eine Erdbesichtigung ist) "the
adolescent's falling from the innocence of childhood into the 'guilty'
knowledge of the wordly evil"[286] zu sehen sei. In der Tat hat man den
Eindruck, daß es sich hier, und insbesondere auch bei dem Halbgott
Arthur aus 'Rêve d'enfer', um die im wesentlichen erotische Frage
handelt, ob man sich mit der 'schmutzigen' Welt der Erwachsenen ein-
lassen soll oder nicht. Den verschwommenen, abstrakten Jugendversuchen
liegt letzten Endes, dem Schreibenden unbewußt, eine sehr reale Versuchung zugrunde; und es ist fesselnd zu beobachten, wie das Thema,
in dem Maße, da es sich vergeistigt - bis es für den heiligen Antonius zu einer reinen "tentation de l'imagination, (...) de la pensée"[287]
wird - seine stoffliche und künstlerische Konsolidierung erlangt.

Die dem 'genre mystique' zuzurechnenden Schriften ragen hervor aus
der Vielzahl der sehr unterschiedlichen, z.T. durch die Schule in-
spirierten Produkte des jungen Flaubert (historische Szenen, literar-
geschichtliche Essays, romantische Novellen voll psychologischer Grenz-
situationen) und bilden den eigentlichen Kern des Frühwerks. Nicht
in dem gedanklichen, weltanschaulichen Anspruch liegt die Bedeutung
der in 'Smarh' kulminierenden Anläufe, sondern in der Tatsache,daß
nur hier ein kontinuierliches Weiterwirken zu erkennen ist, ein immer neues, geduldiges Wiederanknüpfen. Dagegen wirken die meisten
übrigen Versuche wie interessante, aber beliebige Fingerübungen.

Als Beispiel dafür, daß die hier behandelte Schriftenreihe mit ihren
satanischen Visionen weit über die Jugendzeit hinaus in Flauberts Ge-
danken- und Gefühlswelt lebendig geblieben ist, sei zum Schluß dieses
Kapitels noch auf eine unscheinbare Begebenheit in 'Madame Bovary'

hingewiesen. Sie spiegelt eine drastische Teufelsszene aus 'Rêve
d'enfer' wider - und hat sich auf dem Umweg über eine andere realistische Erzählung, die erste Fassung der 'Éducation sentimentale',
in den Ehebruchsroman hinübergerettet.

Dem gelehrten Alchimisten und Übermenschen Arthur erscheint der
Teufel, wie es sich gehört, an einem Abend, und zwar in seinem Zimmer. Die letzten glühenden Kohlen malen in feurigen Linien eine Sil-
houette an die Wand, bis die Figur sich plötzlich abhebt, um auf den
Ofen zu hüpfen. Sie wird als häßliches Monstrum bezeichnet, "affamé,
les flancs creux, avec une tête de chien, des mamelles qui pendent
jusqu'à terre, un poil rouge, des yeux qui flamboient et des ergots
de coq"[288]. Daß sie gerade einer ausgehungerten Hündin gleicht, ist
auf den mühsamen Versuch zurückzuführen, eine Seele ohne Körper darzustellen; in einem wütenden Zweikampf wird sie später von Arthur,
der einen Körper ohne Seele hat, besiegt. Zunächst aber unterhalten
sich die beiden friedlich, und da der Herzog es vorzieht, statt im
Zimmer zu bleiben, einen Spaziergang mit Satan zu unternehmen, gehen
sie im Sturm am Meeresrand entlang. Das Unwetter, "le bruit sinistre
des arbres qui se penchaient avec violence", gefällt dem kühnen Helden. Satan hüpft etwas kläglich hinterdrein auf seinen "pattes grêles",
mit gesenktem Kopf, "et il hurlait plaintivement"[289]. Arthur spricht
zu ihm von seinem Ennui.

Die Lektüre dieser Szene erweckt den Eindruck, als sei die Darstellung Satans für den Schreibenden weit eher eine Pflichtübung als etwa ein Bedürfnis oder gar die Befreiung von einem Alptraum. Eine ein-
führende Bemerkung, man habe sich den Teufel "semblable à ces animaux
que nous voyons sur le portique de nos cathédrales"[290] vorzustellen,
wirkt geradezu wie eine hastige Abfertigung des Lesers.

Doch gerade als ein grausamer Alpdruck erscheint diese Hundsgestalt
in Flauberts erstem großen Roman wieder. Jules, Spiegelbild der Verfassers, ist nach langer Zeit der Prüfungen, Krisen, Enttäuschungen
zu einem heldenhaften Stoizismus gelangt, der ihm gestattet, fortan
in Dingen des Lebens und der Kunst den richtigen Weg zu erkennen; seine "éducation sentimentale" ist erfolgreich abgeschlossen. Da begegnet
ihm auf einem gedankenvollen Abendspaziergang etwas Unerklärliches.
Von der Schönheit der Natur gerührt, meditiert er über sein einsames
und entsagungsvolles Leben.Er sagt sich, daß auch er glücklich sein
könnte, "qu'il y a des gens sur la terre qui s'en vont au bras de leur
maîtresse en regardant les étoiles"[291]. Doch er überwindet diese ei-
fersüchtige Anwandlung, und als er sich gerade in pantheistischem

Aufschwung mit Gott und Natur einig fühlt, gesellt sich ihm ein kläg-
licher, streunender Hund hinzu, den Jules trotz verzweifelter Versuche
nicht mehr loszuwerden vermag. Das aufdringliche Tier erfüllt ihn mit
Angst:"la voix de cette bête était glapissante et traînarde,et sanglotai
dans ses hurlements. Elle était maigre, efflanquée comme une louve
(...), sa peau galeuse à certaines places était à peine couverte d'un
poil rare et long, moitié blanc et noir, et elle boitait d'une jambe
de derrière; ses yeux se fixaient sur Jules avec une curiosité
effrayante"[292]. Was Jules auch anstellt, er wird das Monstrum nicht
los, das übrigens hin und wieder ein ganz friedliches und fast mensch-
liches Wesen zu sein scheint: "Le chien vint se coucher aux pieds de
Jules, écarta lentement ses mâchoires en bâillant d'une façon mélancolique et attristée; un homme n'eût pas soupiré avec un ennui plus
douloureux"[293]. Dann wieder nehmen die diabolischen Akzente überhand,
sein Fell sträubt sich, "tout son corps haletant se gonflait dans une
dilatation convulsive" wie bei Fausts Pudel. Wütend hin- und herrasend
führt das Tier den jungen Mann zu einer Brücke, von der er einst Selbstmord begehen wollte. Inzwischen ist es Nacht geworden, ein Wind erhebt sich, und geisterhaft beleuchtet der Mond die Gegend: "sa lumière
éclaira le chien maudit qui hurlait toujours; elle dardait sur sa
tête; il semblait, dans la nuit, sortir de chacun de ses yeux deux
filets de flamme minces et flamboyants"[294].

Nach brutalsten Bemühungen, das Tier loszuwerden (es hätte längst
tot sein müssen), macht sich Jules eilends auf den Heimweg; "il croyait
qu'il ne reviendrait plus (...); mais non! la bête semblait sortir de
terre, y disparaître, en ressortir; tout à coup elle se plaçait devant
vous, vous regardant, en écartant les lèvres et montrant ses gencives
avec une grimace hideuse"[295]. Jules ist überzeugt, daß das Ungeheuer
etwas bedeutet; zu Hause angelangt, will er dem Erlebnis, das ihm die
ganze sog. Realität des Lebens in Frage zu stellen scheint, auf den
Grund gehen. Das nächste Kapitel aber beginnt: "Ce fut son dernier
jour de pathétique; depuis, il se corrigea de ses peurs superstitieu-
ses"[296]. Die Szene wird nachträglich als eingebildetes Erlebnis des
exaltierten Helden hingestellt, was angesichts ihres Umfangs und ihrer
Intensität kaum einleuchtet. Hier dürfte sich unwillkürlich die Szenerie von 'Rêve d'enfer' wieder eingestellt haben. In dem Augenblick,
da Jules im Begriff ist, sich zu einer Art selbstsicherem, unverwund-
barem Herzog Arthur zu entwickeln, erscheint eben jenes Ungeheuer,
mit dem der Halbgott sich einst gemessen hatte, und fordert ihn heraus[297]. Sinnliches und Übersinnliches sind hier unverbunden, stoßen

hart aufeinander, schließen sich aus.

Anders in 'Madame Bovary'. Auch Emma geht, als sie nach den ent-
täuschenden Flitterwochen zur Besinnung gelangt, spätnachmittags einsam spazieren und wird dabei von ihrem Hündchen, einer "petite levrette
d'Italie", begleitet (Djali genannt, nach der Ziege Esmeraldas in
'Notre-Dame de Paris').Das Tier streift kreisförmig in der Gegend umher, wie ihre Gedanken, die immer wieder zu der Frage zurückkehren:
"Pourquoi, mon Dieu! me suis-je mariée?"[298] Und sie denkt an die hoffnungsvollen Tage im Pensionat, an die Freundinnen, die sicher alle
ein viel anregenderes und beschwingteres Leben führten, wohingegen
ihr eigenes kalt war, "comme un grenier dont la lucarne est au nord,
et l'ennui, araignée silencieuse, filait sa toile dans l'ombre, à
tous les coins de son coeur". Trost suchend streichelt sie ihren Hund,
"considérant la mine mélancolique du svelte animal qui bâillait avec
lenteur". Emma ist durch ihre Enttäuschungen alles andere als ein ge-
stählter Übermensch geworden, und ihr Hündchen ist ihr vertraut und
flößt ihr keinen Schrecken ein. Aber der Autor scheint sich des Ursprungs dieser Szene zu erinnern, denn plötzlich wird, ohne irgendwelche erzähltechnische Nötigung, die Stimmung eine äußerst beklemmende:

Il arrivait parfois des rafales de vents, brises de la mer qui,
roulant d'un bond sur tout le plateau du pays de Caux, apportaient,
jusqu'au loin dans les champs, une fraîcheur salée. Les joncs sif-
flaient à ras de terre, et les feuilles des hêtres bruissaient en un
frisson rapide, tandis que les cimes, se balançant toujours, continuaient
leur grand murmure. Emma serrait son châle contre ses épaules et se
levait.
Dans l'avenue, un jour vert rabattu par le feuillage éclairait la
mousse rase qui craquait doucement sous ses pieds. Le soleil se
couchait; le ciel était rouge entre les branches, et les troncs
pareils des arbres plantés en ligne droite semblaient une colonnade
brune se détachant sur un fond d'or; une peur la prenait, elle appelait
Djali, s'en retournait vite à Tostes par la grande route, s'affaissait
dans un fauteuil, et de toute la soirée ne parlait pas[299].

Die Meeresbrise, die sich nur an dieser einen Stelle bemerkbar macht
(denn das Meer ist weit), und die unheimliche Bewegung der Bäume scheinen ferne Reminiszenzen an den ebenfalls mit seinem Ennui beschäftigten
Arthur zu sein, während das angstvolle Heimeilen, das fast kamerad-
schaftliche Mitgefühl für das melancholisch wirkende Gähnen des Tiers
(und sogar der neidvolle Blick auf die glücklicheren Freundinnen) die
zum Scheitern verurteilte Emma Bovary mit dem seine Lehr- und Wander-
jahre erfolgreich beschließenden Künstler Jules verbindet. Emma geht
nicht mit dem Teufel spazieren, und sie bildet es sich auch nicht ein
wie der empfindsame Held der ersten 'Éducation'. Nur noch die Atmo-

sphäre ist es, die dunklen Bäume, der rote Himmel, das pfeifende Rohr, der Wind, die Einsamkeit, die ihr ein plötzliches Grauen einflöst. Warum aber wurde für diese eine Szene ein Hund in die Erzählung eingeführt, der bald darauf wieder verschwindet? Betrachtet man Emmas Abendspaziergang genauer und im Zusammenhang des Romans, so kommt man zu dem Schluß, daß er so unwichtig gar nicht ist: unmittelbar darauf, im nächsten Absatz heißt es, "quelque chose d'extraordinaire tomba dans sa vie", womit der Ball des Marquis d'Andervilliers gemeint ist -, und Emmas trübe Reflexionen auf ihrem einsamen Gang sind schließlich ihr erstes Eingeständnis der ehelichen Enttäuschung. Es sind hier also die beiden Bedingungen für den ersten Schritt abwärts erfüllt, und insofern ist auch die unterschwellig infernalische Nuance keineswegs fehl am Platze. Sinnliches und Übersinnliches schließen einander nicht mehr aus wie in der Geschichte des vielgeprüften Jules, sie sind einander zugeordnet und potenzieren sich. Ohne etwas von der tieferen Bedeutung des Hundespaziergangs und seiner langen Vorgeschichte zu ahnen, wird jeder Leser in der von Flaubert beabsichtigten unbestimmt-unheimlichen Weise beeindruckt und für das Kommende empfänglich gemacht[300].

Was in den Jugendschriften getrennt war, die Versuchung des Geistes, des Mannes, und die des Herzens, der Frau, das ist in 'Madame Bovary' vereint und spielt sich nur in verschiedenen Schichten der Erzählung ab. Die Versuchung des Herzens, die Unfähigkeit, in der Liebe Befriedigung zu finden, steht für eine weit umfassendere Versuchung, für das sublimere Sehnen nach einer "volupté plus haute". Versuchung und Untergang der kleinbürgerlichen Ehebrecherin lassen ein faustisches "mystère" durchscheinen; und wenn der junge Flaubert es nachträglich als unerhörte Anmaßung empfand, in 'Smarh' mit Goethe rivalisiert zu haben, so schuf er zweifellos mit 'Madame Bovary' - in viel konkreterer Weise, als Thibaudet es meinte - "une sorte de 'Faust' français"[301].

SCHLUßBEMERKUNG

Das listige Versteckspiel, das Flaubert bei der Darstellung seines Händlers mit dem Leser treibt, ist keineswegs ungewöhnlich oder
gar einzigartig, sondern erfreut sich auch in unserem Jahrhundert
noch einiger Beliebtheit. Das zeigt am besten ein Blick auf das Werk
Thomas Manns. Auch bei ihm tritt der Teufel wiederholt in realistisch
geschilderten Verhältnissen auf, und auch hier wird ein solches Maß
an Geschicklichkeit angewendet, daß man z.T. erst nach Jahrzehnten
literaturwissenschaftlicher Bemühungen auf die richtige Spur gekommen
ist. Der Leser erliegt jedesmal der unheimlich-teuflischen Wirkung,
doch ohne sich darüber Rechenschaft abzulegen. Was den 'Doktor Faustus'
betrifft, so gehört nicht das Teufelsgespräch in diesen Zusammenhang,
denn hier können gar keine Zweifel an der Identität des Bösen bestehen[302]. Doch kündigt er sich in demselben Roman schon in der Gestalt des Privatdozenten Dr. Schleppfuß an, der zwei Semester lang
in Halle höchst zwielichtige Vorlesungen über Religionspsychologie
hält, um dann, man weiß nicht, wohin, wieder von der Bildfläche zu
verschwinden.

Schleppfuß war eine kaum mittelgroße, leibarme Erscheinung, gehüllt
in einen schwarzen Umhang, dessen er sich statt eines Mantels be-
diente, und der am Halse mit einem Metallkettchen geschlossen war.
Dazu trug er eine Art von Schlapphut mit seitlich gerollter Krempe,
dessen Form sich dem Jesuitischen annäherte und den er, wenn wir
Studenten ihn auf der Straße grüßten, sehr tief zu ziehen pflegte,
wobei er "Ganz ergebener Diener!" sagte.

Anschließend stellt Zeitblom eine höchst kuriose Betrachtung an:

Nach meiner Meinung schleppte er wirklich etwas den einen Fuß, doch
wurde das bestritten, und auch ich konnte mich meiner Beobachtung
nicht jedesmal, wenn ich ihn gehen sah, mit Bestimmtheit versichern,
so daß ich nicht darauf bestehen und sie lieber einer unterschwelligen
Suggestion durch seinen Namen zuschreiben will, - die Vermutung wurde
durch den Charakter seines zweistündigen Kollegs gewissermaßen nahe-
gelegt[303].

Die schelmische Zweideutigkeit dieser Zeilen ist kaum zu überbieten:
ausgerechnet den Namen, auf den der Dichter wohlweislich seinen an-
rüchigen Privatdozenten taufte, führt der Chronist zu dessen Entla-
stung an!

Doch weit mehr Parallelen zu Flaubert ergeben sich bei der Betrachtung der dreifachen Teufelserscheinung im 'Tod in Venedig'. Da
ist der verwegen und herrisch wirkende Fremde im Portikus der Münchner
Aussegnungshalle, der Aschenbach seinen verhängnisvollen Reisewunsch

eingibt: ein bartloser Mann, zwischen den rotbewimperten Augen stehen
"zwei senkrechte energische Furchen", der auffallende Basthut verleiht
seinem Aussehen "ein Gepräge des Fremdländischen und Weitherkommenden".
Er ist "durchaus nicht bajuwarischen Schlages", und "seine Lippen
schienen zu kurz, sie waren völlig von den Zähnen zurückgezogen, der-
gestalt, daß diese, bis zum Zahnfleisch bloßgelegt, weiß und lang da-
zwischen hervorbleckten". Sein Blick ist "so kriegerisch, so gerade
ins Auge hinein", daß Aschenbach gezwungen wird, sich abzuwenden...
Beim zweiten Mal tritt der Teufel als Gondelführer (ohne Lizenz) auf,
mit rötlichen, gerunzelten Brauen, "durchaus nicht italienischen Schlages"; wieder trägt er einen formlosen, sich auflösenden Strohhut.
"Ein paarmal zog er vor Anstrengung die Lippen zurück und entblößte
seine weißen Zähne". Den Höhepunkt bildet der dritte und letzte Auftritt, bei dem der Böse als Gitarrist und Straßensänger die Möglichkeit
erhält, vollends aus sich heraus zu gehen. Der wiederum bartlose, gri-
massierende Komödiant ist natürlich "nicht venezianischen Schlages",
unter seinem schäbigen Hut quillt ein Wulst roten Haars hervor, "und
sonderbar wollten zum Grinsen seines beweglichen Mundes die beiden
Furchen passen, die trotzig, herrisch, fast wild zwischen seinen rötlichen Brauen standen". Er ist so konventionell geschildert, daß er
sogar den dazugehörigen üblen Geruch, seine "eigene verdächtige Atmo-
sphäre" mit sich führt (den Geruch des Karbols, mit dem man Venedig
desinfiziert). In ausschweifender Weise entfaltet er sich beim Vor-
trag eines dreisten Schlagers, dessen originellen Refrain, "ein rhyth-
misch irgendwie geordnetes, aber sehr natürlich behandeltes Lachen",
der Sänger "mit großem Talent zu täuschendster Lebendigkeit zu gestalten wußte". Als er devot katzbuckelnd sein Geld einsammelt, ent-
blößt auch er seine starken Zähne, und als er als letzter abgeht,
"tat er noch, als renne er rückwärts empfindlich gegen einen Lampen-
mast, und schlich scheinbar krumm vor Schmerzen zur Pforte", um dann
freilich noch einmal aufs frechste die Zunge herauszustrecken. Der
Musikant mimt, wie es scheint, die Schmerzen des gefallenen Engels[304].

   Deutlicher geht es kaum; und wenn an diesen Mannschen Gestalten
trotzdem von gelehrter Seite so viel herumgerätselt wurde, so vor
allem deswegen, weil im 'Tod in Venedig' noch eine Reihe anderer sym-
bolischer Figuren auftauchen, die eine der Erzählung sehr zuträgliche
Mystifizierung bewirken. Erst wenn man die drei erwähnten Erscheinungen
miteinander vergleicht und die offensichtlichen Parallelen in der Beschreibung entdeckt, werden die Verhältnisse völlig durchsichtig[305].

Wie Flaubert muß sich auch Thomas Mann bereits in seiner Jugend
mit der Figur des Teufels beschäftigt haben. Denn schon in 'Buddenbrooks' gibt es eine höchst verdächtige, unseres Wissens bisher noch
nicht identifizierte Person: den Bankier Kesselmeyer, Grünlichs "intimen Freund". Er ist Wucherer, genau wie Lheureux, und führt in ebenso eifriger und schließlich höhnischer Weise den Ruin seines Opfers
herbei. Seine Beschreibung ist nicht ohne Ähnlichkeit mit der des
Flaubertschen Geldverleihers:

Er war von leicht untersetzter Gestalt und weder dick noch dünn. Er
trug einen schwarzen und schon etwas blanken Rock, ebensolche Bein-
kleider, die eng und kurz waren, und eine weiße Weste (...). Von seinem roten Gesicht hob sich scharf der geschorene weiße Backenbart ab,
der die Wangen bedeckte und Kinn und Lippen frei ließ. Sein Mund war
klein, beweglich, drollig und enthielt lediglich im Unterkiefer zwei
Zähne. Während Herr Kesselmeyer, die Hände in seinen senkrechten Ho-
sentaschen vergraben, konfus, abwesend und nachdenklich stehen blieb,
setzte er diese beiden gelben, kegelförmigen Eckzähne auf die Ober-
lippe. Die weißen und schwarzen Flaumfedern auf seinem Kopfe flatter-
ten leise, obgleich nicht der geringste Lufthauch fühlbar war[306].

"Eckzähne klaffen" heißt es in 'Faust II' vom Höllenrachen (V.11644),
und auch die gesträubten Haare sind ein klassisches Teufelsattribut.
Mit diesem letzten Detail wird der Rahmen einer realistisch sich ge-
benden Schilderung fast schon gesprengt. Denn nicht nur, daß sich die
schwarz-weißen Flaumfedern ohne den geringsten Luftzug bewegen, sie
haben auch noch die Eigentümlichkeit, sich bei bedeutsamen Gelegen-
heiten besonders aufzurichten, etwa wenn der Bankier dem nicht wenig
befremdeten Johann Buddenbrook vorgestellt wird. Mit Lheureux hat Kesselmeyer den roten Gesichtston gemein und die Bartlosigkeit zumindest
der Lippen- und Kinnpartie, welche der Miene etwas Weibisches, Ge-
schlechtsloses, unangenehm Nacktes verleihen soll; auch der scharfe
Schwarz-Weiß-Kontrast, der bei vielen Teufelsdarstellungen eine her-
vorragende Rolle spielt, weist deutlich auf das gemeinsame satanische
Urbild hin, dem beide Gestalten verpflichtet sind. Allerdings, die Anzüglichkeiten in Kesselmeyers Beschreibung allein würden nicht aus-
reichen, ihn als Teufel abzustempeln. Man könnte einwenden, er sei
ein widerlicher und deshalb leicht diabolisch stilisierter Mensch.
Erst durch den Blick auf die Funktion der Gestalt innerhalb des Ganzen erhält die Interpretation ihre Berechtigung. Die episodische Figur des Bankier Kesselmeyer ist nur deshalb in den Roman eingeführt
worden, um Grünlichs trübe Machenschaften (er hat Toni Buddenbrook
allein des Geldes wegen geheiratet) und seinen vollständigen Bankrott
vor Johann Buddenbrook effektvoll aufzudecken, dabei den würdigen Fir-
menchef selbst zu kompromittieren, zu besudeln und den allmählichen

Beginn seines eigenen Untergangs drastisch zu markieren. Es handelt
sich hier nicht um die Geschichte einer Versuchung, sondern das Thema des Verfalls war es, das den Teufel - wie eine nicht minder ehrwürdige Tradition es will[307] - vorübergehend auf den Plan rief.

Flauberts Lheureux ist zweifellos noch etwas subtiler charakterisiert als Kesselmeyer und dürfte wohl überhaupt als die am besten ge-
tarnte Verderbergestalt anzusehen sein, schemenhaft "am Rande der Erzählung" sich bewegend. In den hier angeführten Szenen aus dem Werk
Thomas Manns mit ihrer ausgeklügelten Mischung von Realistischem und
Diabolischem läßt sich die Flaubertsche Verhüllungstaktik wie durch
ein leicht vergrößerndes Glas erkennen. Darüberhinaus ist es nicht
undenkbar, daß es sich bei der Kesselmeyer-Episode um mehr als nur
eine Parallele zur Lheureux-Darstellung handelt; einige Einzelheiten
legen die Annahme nahe, daß man es vielleicht sogar mit einer Wieder-
aufnahme zu tun hat. So sieht Kesselmeyer etwa seinem Opfer Grünlich
nicht nur in genau derselben schamlosen Weise ins Gesicht wie Lheureux seiner Kundin in der Versuchungsszene, er nimmt dabei für einen
kurzen Augenblick auch die körperliche Haltung des Modehändlers ein.
Von diesem hatte es geheißen: "les deux mains sur la table, le coup
tendu, la taille penchée, il suivait, bouche béante, le regard d'Emma,
qui se promenait indécis parmi ces marchandises". Der spannungsvolle
Moment könnte Thomas Mann sehr wohl beeinflußt haben. Der von ihm ge-
schilderte skurrile Bankier, der ungeniert zwei herunterlaufende Tränen seines unglücklichen Geschäftspartners prüft, erhebt sich sogar
von seinem Sitz, um die Haltung Lheureux' einzunehmen: "Herr Kesselmeyer verfolgte den Weg dieser beiden Tropfen mit dem größten Interesse; er stand sogar ein wenig auf, beugte sich vor und starrte seinem Gegenüber mit offenem Munde ins Gesicht"[308]. Doch wichtiger ist
eine andere Parallele. Genau so wie die Unterhaltung zwischen Lheureux und Emma in der makaber-saloppen Erwähnung des eben zugrunde
gehenden Gastwirts Tellier gipfelt (der sich bald als ein Opfer des
Wucherers herausstellte), läuft auch die Unterredung zwischen Johann
Buddenbrook, Grünlich und seinem Geldverleiher auf den unheilschwan-
geren, von diesem aber höchst fidel vorgebrachten Hinweis auf eine
soeben erfolgte geschäftliche Katastrophe hinaus. Das Buddenbrooksche
Familienoberhaupt äußert ungläubiges Staunen über Grünlichs rapiden
Niedergang. "'Kinderspiel!' antwortete Herr Kesselmeyer gut gelaunt.
'In vier Jahren kann man allerliebst vor die Hunde kommen! Wenn man
bedenkt, wie munter Gebrüder Westfahl in Bremen vor kurzer Zeit noch
umhersprangen...'"[309]. Auch das ist, ohne allen Zweifel, eine indirekte

Untergangsankündigung, um so mehr, als die Firma Buddenbrook durch den erwähnten Bankrott erhebliche Verluste erleidet und zum ersten Mal in eine prekäre Lage gerät. Die Reflexionen ihres Chefs zeigen denn auch deutlich, daß er die Angelegenheit in diesem Sinne auffaßt. So lassen beide Erzähler, jeweils zu Beginn einer langen, verhängnisvollen Entwicklung, das böse Ende von einer realistisch aufgemachten Teufelsfigur in anzüglicher Rede vorwegnehmen[310].

Demnach könnte schon Thomas Mann, und nicht erst G.L. Pinette, das Geheimnis von Flauberts Modehändler entdeckt haben.

ANMERKUNGEN

1 'Madame Bovary par Gustave Flaubert', zit. nach Baudelaire, 'OEuvres complètes', Bibl. de la Pléiade 1964, S. 656.
2 Ebda. S. 657.
3 'The Novels of Flaubert. A Study of Themes and Techniques', Princeton University Press 1966, S. 88.
4 Ebda. S. 91.
5 '"Madame Bovary" par Gustave Flaubert', in 'Causeries du lundi', Bd.13, Paris o. J., 3.Aufl., S. 363.
6 'Correspondance', Bd.3, Paris 1927, S. 155 f., Brief vom 6.4.1853, u. Bd.2, Paris 1926, S. 382, 28.3.1852.
7 Die Neueren Sprachen, N.F. 14 (1965) S. 485-490.
8 Pinette, a.a.O. S. 487 f.
9 Max Milner, 'Le diable dans la littérature française', Paris 1960, Bd.1, S. 516. - Mit der erfolgreichen Oper ist 'Robert le Diable' von Meyerbeer (und Scribe) gemeint.
10 Vgl. Mario Praz, 'La Carne, la Morte e il Diavolo nella Letteratura Romantica', Firenze [3]1948, S. 63.
11 Vgl. 'De l'Allemagne', hrg. von La Comtesse Jean de Pange, Bd.3, Paris 1959, S.71; II,23.
12 Milner, a.a.O., Bd.1, S.514.
13 Milner, a.a.O., Bd.1, S.65.
14 Flaubert hat, wie aus seiner eigenen Lektüreliste hervorgeht, für die letzte Fassung der 'Tentation'auch einen Aufsatz von Charles Louandre mit dem kuriosen Titel gelesen 'Le diable. Sa vie, ses moeurs et son intervention dans les choses humaines' (Revue des Deux Mondes, 4. Serie, 31 (1842) S. 568 ff.).
15 Milner, a.a.O., Bd.1, S.68.
16 Eine besonders große Rolle spielt in Balzacs frühen Versuchen die Figur des Teufelsbündners (dazu Milner, a.a.O., Bd.1, S.324 ff. u. Bd.2, S.7 ff.). In der 'Comédie humaine' konzentriert sich das Böse vor allem in der Gestalt Vautrins, der kein Teufel ist, aber eine Fülle satanischer Züge trägt.
17 'Madame Bovary', hrg. von Claudine Gothot-Mersch, Paris 1971, S.103; II,4.
18 Über Emmas Lektüre sitzt der Autor im 6. Kapitel des 1. Teils zu Gericht. Man weiß, daß die Kapiteleinteilung erst nachträglich von Flaubert vorgenommen wurde. Ist es ein Zufall, daß die entsprechende Szene im 'Don Quijote' ebenfalls das 6. Kapitel des 1. Buches einnimmt?
19 "elle fût ainsi demeurée en sa sécurité, lorsqu'elle découvrit subitement une lézarde dans le mur" ('Madame Bovary', a.a.O. S.103; II,4).
20 Ebda. S.104; II,5.
21 Ebda. S.105; II,5.
22 Ebda. S.105 f.
23 'Madame Bovary. Nouvelle version précédée des scénarios inédits', hrg. von Jean Pommier und Gabrielle Leleu, Paris 1949, S.289.
24 Ähnlich schildert Théophile Gautier den Mund des Teufels in 'Deux acteurs pour un rôle': "Quand ses lèvres pâles et plates se desserraient, elles laissaient voir deux rangées de dents très blanches, très aiguës et très séparées" (zit. nach Th.G., 'Contes fantastiques', Paris 1962, S.174).
25 Max Milner, a.a.O., Bd.2, S.233, Anm.56.

26 So ist z.B. der "garçon" in Sartres 'Huis clos' nur an der
   "indiscrétion grossière et insoutenable" seines Blicks (Sz.I)
   äußerlich als Teufel zu erkennen.
27 'Madame Bovary', a.a.O. S.259, III,2, u. 3oo, III,6.
28 'Madame Bovary. Nouvelle version', a.a.O. S.29o.
29 'Madame Bovary', a.a.O. S.1o7; II,5.
3o Am Anfang von 'Smarh' werden beide Teufel, Satan und Yuk, auf
   solche Art eingeführt.
31 Am Ende erst stellt sich heraus, daß er nicht Ignaz Denner heißt,
   sondern der Sohn eines italienischen Teufelsbündners (eigl. Höl-
   lensendlings) namens Trabacchio ist. Italien war ja, als Heimat
   der antiken, zu Teufeln erklärten Götter, das bevorzugte Land
   des Bösewichts.
32 'Ignaz Denner', zit. nach E.T.A.Hoffmann, 'Fantasie- und Nacht-
   stücke', hrg. von Walter Müller-Seidel, München 1964, S.366 ff.
33 Dahinter steckt natürlich Gretchens Schmuckkästchen. Man könnte
   in diesem Zusammenhang auch an die Büchse der Pandora erinnern,
   die mit dem Salbengefäß der Maria Magdalena eine eigentümliche
   Verbindung eingegangen ist. In dem Epos 'La Christiade' von
   Labaume-Desdossat (Mitte 18. Jahrhundert) erhält Maria Magdalena
   vom Teufel ein Kästchen, das glänzt wie die Sterne und dem sie-
   ben Teufelchen entschlüpfen, als sie es neugierig öffnet. Sie
   versinkt sogleich in einen Rausch der Eitelkeit (vgl. J.M. Stead-
   man, 'Pandora and St.Mary Magdalene in Labaume Desdossat', in:
   Romanistisches Jahrbuch 11 (196o) S.2o2 f.).
34 Um an ein bekanntes Beispiel zu erinnern: auch die Oper 'Der Frei-
   schütz' (Textbuch von J.F.Kind) erfüllt diese Bedingung in geradezu exemplarischer Weise. Denn auch Max befindet sich zu Beginn in einer ausweglosen Situation, die einzige Möglichkeit,
   sich seine Agathe und seine Stellung zu sichern,bietet ihm der
   Teufelsbündner Kaspar an. Was es mit ihm auf sich hat, kann man
   nicht gleich wissen, aber nachdem er sein Glaubensbekenntnis zum
   besten gegeben hat, ahnt man genug (zumal wenn man noch auf das
   Höllenpfeifen der Orchesterbegleitung achtet). Auch Max gibt sehr
   widerstrebend den kleinen Finger - und schon nimmt Kaspar die
   ganze Hand. Ursprünglich endete die Geschichte auch schlecht:
   mit Agathes Tod und Maxens Wahnsinn.
35 Milner, a.a.O., Bd.1, S.49o.
36 Zit.nach Charles Nodier, 'Contes', hrg. von P.-G. Castex, Paris
   1963, S.55o. - Hier sind beide Möglichkeiten vereint: der Hut
   ist teuflisch und die Art, wie er aufgesetzt ist.
37 Vgl. Pinette, a.a.O. S.489.
38 Auch die Autoren des 2o. Jahrhunderts verschmähen solche Mittel
   nicht und sind darin sogar besonders erfindungsreich. So besitzt
   etwa Bernanos' Monsieur Ouine eine höchst charakteristische Kopfbedeckung: "la cloche de feutre laissait voir sa coiffe, jadis
   grenat, un mince croissant rose, pareil à une gueule délicate"
   (zit. nach 'OEuvres romanesques', Bibl. de la Pléiade 1966,
   S.1368).
39 'Der Sandmann', zit. nach Hoffmann, a.a.O. S.334.
4o 'Bibliomanie', zit. nach Flaubert, 'OEuvres complètes', hrg. von
   Bernard Masson, Paris 1964, Bd.1, S.78; Coll. l'Intégrale.
41 Cl. Gothot-Mersch, 'La genèse de Madame Bovary', Paris 1966,S.14o.
   - Ähnlich äußerte sich schon Léon Bopp über Lheureux: "Il est
   si difficile de créer des types!" ('Commentaire sur "Madame
   Bovary"', Neuchâtel 1951, S.175).
42 Was Coppelius anlangt, so läßt Hoffmann sein Gesicht hin und wieder rot aufleuchten. In der Erzählung 'O Mandarim' von Eça de
   Queirós ist der Teufel bartlos, hat blitzende Augen; sein Gesicht
   ist einerseits fahl, und andererseits laufen blutfarbene Streifen

über die Haut wie in phönizischem Marmor.

43 Genauso verfährt Sartre, wenn er die Frechheit im Blick des teuflischen "garçon" dessen verkümmerten Augenlidern zuschreibt – eine physische Insuffizienz wie die Atemnot und der Rückenschmerz des Kaufmanns. Zur modernen Aufmachung oder Tarnung des Teufels gehört offenbar seit langem eine Dosis Naturwissenschaft.

44 Auf dieselben Provinzen beruft sich La Fontaine: "Certain renard gascon, d'autres disent normand" ('Le renard et les raisins', V.1).

45 'Madame Bovary', a.a.O. S.1o6 f.; II,5.

46 Ausdrückliche Anspielung auf die Versuchung Christi in der Wüste zu Beginn von 'La danse des morts', in einer Unterhaltung zwischen Jesus und Satan. Zu den Abwandlungen der Szene in Flauberts Jugendwerk vergleiche weiter unten S.77 f.

47 In den Entwürfen zu 'Madame Bovary' tritt die Bibel-Parallele noch deutlicher hervor durch eine wenig realistische Bemerkung über die Seidenschärpen, die Flaubert nach einigem Ummodeln dann doch geopfert hat: "Elles avaient d'ailleurs ce parfum des choses lointaines qui ont passé la mer, cette étrange odeur orientale, âcre et sucrée tout ensemble, et que l'on dirait être l'exhalaison vague des lazarets et des harems, des caravanes et des pagodes" ('Madame Bovary. Nouvelle version', a.a.O. S.29o).

48 Das Funkeln der Waren erinnert wieder an eine Szene bei E.T.A. Hoffmann. Als der schon erwähnte satanische Coppelius zum zweiten Mal ins Leben des Helden tritt, ist er ein italienischer Händler namens Coppola. Er dringt in die Stube des Studenten ein und breitet auf seinem Tisch unzählige Brillen und Lorgnetten aus, die er, wie Chamissos grauer Mann, aus seinen weiten Rocktaschen zieht. Schließlich beginnt es, "auf dem ganzen Tisch seltsam zu flimmern und zu funkeln" ('Der Sandmann', a.a.O. S.351). Nachdem es dem jungen Mann zunächst gelungen war, den unheimlichen Gesellen hinauszuwerfen, kommt es nun doch zu einem Kauf, der den Helden natürlich ins Verderben stürzt.

49 'La Tentation de saint Antoine. Version de 1856', zit. nach Flaubert, 'OEuvres complètes', a.a.O., Bd.1, S.478 (ähnlich die Fassung von 1849, ebda. S.389). Der Grünton gehört für Flaubert zu den wichtigsten diabolischen Farbattributen, später verkriechen sich die Todsünden unter den "ailes verdâtres" des Teufels (S.492), und die infernalische Erscheinung der Königin von Saba befindet sich in Begleitung dreier Reiter "vêtus de robes vertes". Diese haben nur eine Statistenrolle, illustrieren aber vorzüglich, wie sehr Flaubert in der Tradition der phantastischen Erzählung steht: die regungslosen "courriers verts" (deren Zahl sich unversehens verdoppelt) haben alle die gleichen Gesichter, ihre Tiere – Onager – recken die Hälse und "montrent leurs gencives, en écartant les lèvres" (S.498). Vgl. auch die bekannte, auf einer alten Legende beruhende Erzählung Nervals 'Le monstre vert'. – Grün ist auch die Schachtel, aus der Lheureux seine Reichtümer zieht.

5o 'La Tentation de saint Antoine. Version de 1856', a.a.O. S.499.

51 Guy Riegert, 'Madame Bovary', Paris 1971, S.41.

52 'Madame Bovary', a.a.O. S.138; II,8.

53 A.a.O. S.175.

54 Vgl. weiter unten S.6o.

55 'Madame Bovary. Nouvelle version', a.a.O. S.291 f.

56 Ebda. S.292, Anm.1.

57 Ebda. Anm.2; vgl. 'Madame Bovary. Ébauches et fragments inédits', hrg. von G.Leleu, Bd.1, Paris 1936, S.412, Anm.2.

58 'Madame Bovary', a.a.O. S.1o7; II,5.

59 'La Tentation de saint Antoine. Version définitive', zit. nach Flaubert, 'OEuvres complètes', a.a.O., Bd.1, S.527.

94

60 'Madame Bovary', a.a.O. S.1o8; II,5.
61 Risse im Mauerwerk sind auch in Zolas Untergangszyklus 'Les
   Rougon-Macquart' von großer Bedeutung. Die Erscheinung begegnet
   zuerst in 'La conquête de Plassans', und zwar handelt es sich
   bei Zola um wirkliche schadhafte Stellen, die erst nachträglich
   zum Sinnbild werden. Der genannte Roman hat manches mit 'Madame
   Bovary' gemein. Wie Magdalena Padberg nachgewiesen hat, ist der
   im Zentrum stehende Verderber der Familie Mouret, ungeachtet aller naturalistischen Milieu-Schilderungen, kein anderer als der
   Teufel ('Das Romanwerk von Georges Bernanos als Vision des Untergangs', Hamburg 1963, S.82 ff.; Hamburger Romanistische Stu-
   dien, Reihe A, Bd.46). Faujas wird bereits mit der Wendung eingeführt, es werde sich schon nicht um den Teufel handeln, seine
   schwarze Soutane leuchtet rot, in seinen Augen ist eine Flamme,
   und weiblichem Zauber steht er vollständig kalt gegenüber. Im
   Gegensatz zu Lheureux sind bei aller Härte Spuren von Schönheit
   an ihm zu erkennen. Wie die entsprechenden Balzacschen Gestalten gehört er eher der luziferischen als der mephistophelischen
   Tradition an. Flaubert nannte den Abbé Faujas voll Anerkennung
   "sinistre et grand" ('Correspondance', Bd.7, Paris 193o, S.142;
   Brief an Zola vom 3.6.1874). Fast auf jeder Seite der 'Conquête
   de Plassans' spürt man den etwas groben, aber immer äußerst wohl-
   kalkulierten Appell ans Unterbewußte, an schlummernde diabolische
   Assoziationen.
62 A.a.O. S.173.
63 'Le réalisme de Flaubert', in: Revue d'Histoire Littéraire de la
   France 18 (1911) S.15.
64 Einleitung zu 'Madame Bovary', Paris 1945, S.CXXIV.
65 'Gustave Flaubert',Paris ²1935, S.98.
66 A.a.O. S.139.
67 Maxime du Camp, 'Souvenirs littéraires', Paris 1962, S.14o.
68 'Correspondance', Bd.2, a.a.O. S.186; Brief vom 22.4.185o.
69 Ebda. S.2o1; Brief vom 4.6.185o
7o Ebda. S.253 f.; Brief vom 14.11.185o. Die letzten beiden Zeilen
   hat der Herausgeber aus moralischen Gründen verändert.
71 'Correspondance', Bd.4, Paris 1927, S.168f.; Brief vom 3o.3.1857.
72 Gothot-Mersch, a.a.O. S.79.
73 Zit. nach Gothot-Mersch, a.a.O. S.24; Brief vom 23.7.1851.
74 Viel Genaues weiß man nicht darüber, nicht einmal, ob die Frau
   Selbstmord beging; die meisten Nachrichten sind unzuverlässig
   und von 'Madame Bovary'-Reminiszenzen durchtränkt. Doch hat das
   Schicksal der Eheleute dem Romancier zweifellos den äußeren Rahmen seiner Erzählung geliefert: Der Wundarzt Eugène Delamare
   (mit der Familie waren die Flauberts bekannt) heiratete als jun-
   ger Mann eine ältere Frau, wurde bald Witwer und ehelichte nach
   einiger Zeit ein 17jähriges Bauernmädchen, das zeitweise in
   einem Pensionat erzogen worden war. Sie brachte eine Tochter zur
   Welt, führte offenbar ein leichtsinniges Leben und starb 26jährig.
   Ein Jahr später starb er selbst.
75 Zit. nach der eben erschienenen Ausgabe von Douglas Siler,
   'Flaubert et Louise Pradier. Le texte intégral des "Memoires de
   Madame Ludovica"', Paris 1973, S.37; Archives des Lettres Modernes,
   N⁰ 145 (erste vollständige und originalgetreue Wiedergabe des
   Textes).
76 'Madame Bovary' wirkt wie ein tragisches Gegenstück zu Jane Austens
   heiterer 'Emma'. Auch die englische Heldin lebt in einer Welt
   der Phantasie, und die nüchterne Realität macht ihr immer wieder
   einen Strich durch die Rechnung. Darüberhinaus ist Jane Austen
   in England der Pionier der erlebten Rede. Sie bedient sich zu

ihren Zwecken erstmalig virtuos dieses Mittels und läßt den Leser oft im unklaren, ob es sich um Bericht des Erzählers oder nur um Emmas Vorstellungen handelt, was ihren Roman zu einer ungemein fesselnden Lektüre macht. Flaubert ist auf demselben stilistischen Gebiet der französische Erneuerer, der erste, der bewußt und systematisch diesen Kunstgriff anwendet und letztlich mit demselben Effekt: die Grenzen zwischen Emma Bovary und Autor werden verwischt.

77 Titel einer Untersuchung von Léon Degoumois, Genève 1925.

78 Vor allem die vor Beginn der Niederschrift angefertigten; doch sind die Grenzen zwischen "scénario", "esquisse" und "plan" fließend, vgl. hierzu 'Madame Bovary. Nouvelle version', a.a.O. S.VIII (Avertissement des éditeurs).

79 Ebda. S.3 u. 8.

8o Ebda. S.3.

81 Ebda. S.4 f. - Der "Capitaine" ist Rodolphe, Léon heißt Léopold. Unter Mme Ludovicas Liebhabern war sowohl ein Notargehilfe als auch ein Kapitän, so daß Flaubert wohl schon hier an ihre 'Mémoires' dachte, trotz der geringen Bedeutung, die er den Finanzwirren vorerst einräumte. Der Kapitänsberuf hat eine Spur im Roman hinterlassen: Emma dichtet ihn ihrem ersten Liebhaber nachträglich an, um Léon zu imponieren und ihn von Nachforschungen abzuhalten (vgl. Gothot-Mersch, a.a.O. S.46).

82 Daß es mehrere Lieferanten sind, beweist eine Notiz, vgl. 'Madame Bovary. Nouvelle version', a.a.O. S.12.

83 Vgl. ebda. S.1o.

84 Ebda. S.19.

85 Ebda. S.32.

86 Vgl. ebda. S.1o

87 Ebda.

88 Ebda.

89 Ebda. S.12.

9o Ebda. S.3o f.

91 Ebda. S.29.

92 Avarice, möchte man meinen, paßt schlecht, auch wenn Emma das Geld von Charles' Patienten an sich reißt. Flaubert selbst aber benutzt in einer späteren Skizze an dieser Stelle den Ausdruck "avare", der ihm bei seinem Sündenkatalog wohl in die Feder kam; richtigstellend fügt er hinzu: "ou plutôt avide" ('Madame Bovary. Nouvelle version', a.a.O. S.96).

93 Eine gewisse Geburtshilfe hat dabei der Kairoer Hotelwirt Bouvaret geleistet, so daß man auch hier eine Spur Wahrheit in Maxime du Camps Bericht entdecken kann.

94 'Madame Bovary', a.a.O. S.127; II,14.

95 'Correspondance', Bd.8, Paris 193o, S.199; Brief vom 5.2.1879.

96 Man kann sich daran erinnern, daß der Teufel in der 'Tentation' zeitweilig unter dem Namen Hilarion erscheint.

97 'Madame Bovary. Nouvelle version', a.a.O. S.3o.

98 Vgl. auch Bemerkungen wie: "sang au doigt de Léon qu'elle suce - amour si violent qu'il tourne au sadisme - plaisir du supplice. Manière féroce dont elle se déshabillait jetant tout à bas" ('Madame Bovary. Nouvelle version', a.a.O. S.3o).

99 Ebda. S.65.

1oo Ebda. S.66. -Theoretisch wäre auch denkbar, daß Mme Bovary erst später, in der Zeit zwischen Versuchungsszene und Comices, den Kopfschmuck bei Lheureux kauft. Die Tatsache aber, daß im nächsten Plan (S.67) die "bourse algérienne" gleich als erstes von Lheureux' Mitbringseln genannt wird - und diesmal im Singular - bestätigt die Vermutung, daß Emma sie gleich kauft. Übrigens ist der Kopfschmuck, dessen Exotik wohl der Heldin in Rodolphes Augen einen orientalisch-verführerischen Nimbus verleihen sollte, schon vorgesehen, als noch keine Händlerszene existiert (S.64). Vielleicht hat der Schmuck erst die Einführung Lheureux' nach sich gezogen. Zu dem Modegegenstand selbst vgl. noch S.66,Anm.4.

1o1 Ebda. S.59.
1o2 Ebda. S.66.
1o3 Ebda. S.63.
1o4 Nämlich bis zum Ende des jetzigen 4. Kapitels, damals gab es ja die Einteilung noch nicht. In der Ausgabe der 'Nouvelle version' ist die oben besprochene Skizze (XXXII) in die zweite Februarhälfte verlegt worden, was aber unmöglich ist, denn hier wird das 4. Kapitel ja erst entworfen, von dem Flaubert Ende Januar bereits sagt, daß es fertig sei. Die falsche Datierung ist auch deswegen erwähnenswert, weil im Anschluß an die Herausgeber daran zuweilen die Bemerkung geknüpft wird, daß der Schneeausflug im 5. Kapitel gerade an einem Tag konzipiert wurde, da es in Croisset nachweislich schneite (Brief vom 17.2.1853). Man sieht darin einen Beweis dafür, wie gern sich der Erzähler auch bei Landschafts- und Stimmungsbildern von der Realität leiten ließ.
1o5 'Correspondance', Bd.3, a.a.O. S.92 f., Brief vom 29./3o.1.1853.
1o6 Ebda. S.96, Brief vom 17.2.1853, u. S.1o9, 5./6.3.1853.
1o7 Ebda. S.155; Brief vom 6.4.1853.
1o8 'Madame Bovary. Nouvelle version', a.a.O. S.68, Anm.2 der Herausgeber.
1o9 Ebda. S.67.
11o Ebda. S.288.
111 'Madame Bovary', a.a.O. S.1o5; II,5.
112 Flaubert erkundigt sich bei Bouilhet, "quelle espèce 'de monstre' il faut mettre dans la côte du Bois-Guillaume"('Correspondance', Bd.4, a.a.O. S.97; Brief vom 3o.9.1855).
113 'Madame Bovary', a.a.O. S.75;II,1.
114 Am 1.1o.1852 schreibt er: "J'ai relu avant-hier, dans mon lit, 'Faust'. Quel démesuré chef-d'oeuvre! (...) Quel arrachement d'âme dans la scène des cloches!" ('Correspondance', Bd.3, a.a.O. S.34). Das erlösende, Fausts Selbstmord verhindernde Glockengeläut, das schon den jungen Flaubert aufs stärkste beeindruckte (vgl. weiter unten S. 72), ertönt noch in 'Bouvard et Pécuchet'; ja, die Art, in der Goethes Osterklänge hier abgewandelt werden (vgl. Degoumois, a.a.O. S.65), entspricht in ihrer liebevollen Parodie vollkommen der Behandlung Mephistos in 'Madame Bovary'.
115 Genauso ablehnend wie Emma unvorhergesehener Weise ihrem Liebhaber gegenübertritt, reagiert auch eine der Heldinnen in Frédéric Souliés 'Mémoires du diable' nach der Entdeckung ihrer Zuneigung zu dem auch sehr schüchternen, blonden und sanftäugigen Anbeter, der ebenfalls Léon heißt. Die Beziehung der beiden ist lange Zeit ein zarter Bund voll heimlichen Zaubers, er beschränkt sich hauptsächlich auf den Austausch von Blumen, Taschentüchern und Musikalien. Flaubert charakterisiert den Flirt zwischen Emma und Léon wiederholt als "commerce de livres, musiques, plantes grasses" ('Madame Bovary. Nouvelle version', a.a.O.S.63). Die Übereinstimmung vieler Äußerlichkeiten ist aber weniger wichtig als die Tatsache, daß beidemal der Blick des weiblichen Wesens ins eigene Herz ein entscheidender Moment ist und daß ihm jeweils eine längere Zeit unbewußten Glücks vorausgeht, eine Art seelischer Schwebezustand, den Soulié so anschaulich und psychologisch nuanciert schildert, daß Flaubert sehr wohl davon beeindruckt sein konnte. Die enttäuschte, grundpessimistische Sinneshaltung des trotz aller feuilletonistischen Konzessionen hin und wieder brillanten

Werks sprach Flaubert ohnehin an (zu 'Smarh' und Souliê vgl.
Milner, a.a.O., Bd.2, S.222). Auch Souliês Heldin ist nicht mehr
frei, sondern an einen verhaßten Verlobten gekettet; von ihren
Gefühlen zu Lêon sagt sie: "Je l'aimais de son amour et de mon
aversion pour un autre" ('Les mêmoires du diable', Bd.1, Verviers
o.J., S.137, Kap.7; Coll. Marabout). Auf diesem Sachverhalt besteht auch Flaubert mit großem Nachdruck, sogar bei Emmas Verhältnis zu Rodolphe.

116 'Madame Bovary', a.a.O. S.11o; II,5.
117 Ebda.
118 Ebda. S.111; II,5.
119 Ebda.
12o A.a.O. S.51 ff.
121 'Madame Bovary. Nouvelle version', a.a.O. S.64.
122 'Physiologie du mariage', Paris 1947, S.73; 'Considérations
     générales'.
123 Ebda. S.77 f.
124 'Agonies', zit. nach Flaubert, 'OEuvres complètes', a.a.O., Bd.1,
     S.159. - Der Hinweis auf die Jugendschrift ist öfter zu finden,
     führt aber gewöhnlich nur zu der Behauptung, daß die Pfarrer-
     szene wohl einen autobiographischen Hintergrund habe (vgl.u.a.
     Jean Bruneau, 'Les dêbuts littêraires de Gustave Flaubert', Pa-
     ris 1962, S.238).
125 'Madame Bovary', a.a.O. S.113; II,6.
126 'Madame Bovary. Nouvelle version', a.a.O. S.67.
127 'Madame Bovary', a.a.O. S.127; II,7.
128 'Madame Bovary. Nouvelle version', a.a.O. S.322.
129 'Madame Bovary', a.a.O. S.128; II,7. - In einer früheren Fassung
     werden "les deux étoffes algériennes du sieur Lheureux"('Nouvelle
     version', S.322) gleich als erstes genannt; darauf folgt nur noch
     ein weißer Kaschmir-Morgenrock. In der endgültigen Fassung wird
     das, worauf es ankommt, verschleiert durch die Vielzahl der ge-
     kauften Objekte und deren humoristisch-disparate Zusammenstel-
     lung (prie-Dieu gothique).
13o 'Madame Bovary', a.a.O. S.139; II,8.
131 Ebda. S.138; II,8.
132 Lheureux taucht an einer anderen unscheinbaren Stelle dieser zen-
     tralen Szene noch einmal auf; dort erklärt er Homais, man hätte
     die Feierlichkeiten mit "deux mâts vénitiens" krönen sollen,
     "quelque chose d'un peu sévère et de riche" hätte sich gut aus-
     genommen (S.145). Die an sich gänzlich unmotivierte Erwähnung
     Venedigs, der Lieblingsstadt des Teufels, ist immerhin merkwürdig,
     ebenso wie die Vorliebe für düsteren Pomp.
133 'Madame Bovary', a.a.O. S.36; I,5.
134 Ebda. S.167; II,9.
135 Vgl.ebda. S.111; II,5.
136 Ebda. S.3o9; III,7. - Vgl. Dieter Beyerle, 'Voltaire. A Madame
     du Châtelet', in: 'Die französische Lyrik', hrg. von Hans Hin-
     terhäuser, Bd.1, Düsseldorf 1975, S.2o9.
137 'Madame Bovary', a.a.O. S.196 f.; II,12.
138 Ebda. S.167; II,9.
139 Ebda. S.172; II,1o.
14o Ebda. S.175; II,1o.
141 Brombert, a.a.O. S.84.
142 Jean Pommier, 'Créations en littérature', Paris 1955, S.14.
143 'Madame Bovary', a.a.O. S.128; II,7.
144 Vgl. weiter oben S.24.
145 Leverkühn leidet von Jugend an unter Migräne und verstört seinen
     Freund durch unmotiviertes, ausschweifendes Gelächter. Donissans

Blässe wird oft erwähnt, er pflegt auch ohnmächtig zusammenzu-
brechen. Der Selbstmord der Heldin am Ende von 'Sous le soleil
de Satan' und die Schilderung provinzieller Monotonie veran-
laßten Padberg, den Roman mit 'Madame Bovary' zu vergleichen
(a.a.O. S.17 ff.), wobei zahlreiche Detailübereinstimmungen zu
Tage traten. Das diabolische Element ist eine weitere wichtige
Gemeinsamkeit.

146 "Flaubert a prêté ses nerfs à Emma, et à Charles tout ce qui les
     agaçait" ('Madame Bovary. Nouvelle version', a.a.O. S.21, Anm.
     der Herausgeber).
147 'Madame Bovary', a.a.O. S.112; II,5.
148 Homais kommentiert: "Pour ce qui est de Madame, elle m'a toujours
     paru, je l'avoue, une vraie sensitive" ('Madame Bovary', a.a.O.
     S.214; II,13).
149 Ebda. S.281; III,5.
15o Thomas Mann, 'Doktor Faustus', S.Fischer Verlag 1956, S.3o2;
     Kap.25.
151 'Madame Bovary', a.a.O. S.175; II,1o.
152 Ebda. S.179 u.182; II,11.
153 Ebda. S.191; II,11.
154 Ebda. S.191; II,12.
155 Ebda. S.199 f.; II,12.
156 'Madame Bovary. Nouvelle version', a.a.O. S.414.
157 'Madame Bovary', a.a.O. S.196; II,12.
158 Ebda.
159 Ebda.
16o Ebda. S.194. - In bezug auf die "curiosités féminines", die er
     anbringt, hieß es zunächst noch: "Souvent même il en apportait
     quelques-unes dans les poches de son paletot" ('Madame Bovary.
     Nouvelle version', S.419). Dieses gleichgültige Detail erinnert
     stark an Chamissos Grauen Mann, der alles aus seinen Rocktaschen
     zieht, oder an seinen Nachfolger bei Hoffmann, den Brillenhändler
     Coppola.
161 'Madame Bovary', a.a.O. S.194; II,12. - Hier erscheint das, in
     der Versuchungsszene gestrichene, kennzeichnende kleine "sifflement"
     zum ersten Mal, und zwar, damit es nur kein Aufsehen errege, so,
     als sei es dem Leser bereits vertraut.
162 Seinen erneuten Besuch leitet er ein mit den Worten: "J'ai un
     arrangement à vous proposer" (S.195). In einer früheren Fassung
     warf der Wucherer dabei "de droite et de gauche des regards
     méfiants, la taille courbée, ses yeux couleur de suie" ('Madame
     Bovary. Nouvelle version', a.a.O. S.421).
163 'Madame Bovary', a.a.O. S.2o2; II,12.
164 Ebda. S.219; II,14.
165 Ebda.
166 Ebda. S.22o; II,14. - Auch in bezug auf den hl. Antonius ist von
     "l'orgueil de ta dévotion" die Rede ('La Tentation de saint
     Antoine. Version de 1849', a.a.O. S.384).
167 'Madame Bovary', a.a.O. S.22o; II,14.
168 Ebda. S.222; II,14.
169 Ebda. S.216; II,14.
17o Ebda. S.249; III,1.
171 Auch Brombert erwähnt beiläufig, daß man hierin einen Wink des
     Autors zu sehen habe (a.a.O. S.48).
172 Vgl. Bernhard König, 'Die Begegnung im Tempel', Hamburg 196o;
     Hamburger Romanistische Studien, Reihe A, Bd.45.
173 Zunächst waren die Verdammten im höllischen Feuer gar nicht der
     letzte Ruf des Kutschers, vgl. 'Madame Bovary. Nouvelle version',
     a.a.O. S.498.
174 'Madame Bovary', a.a.O. S.259; III,2.

175 Ebda. S.26o; III,2.
176 Ebda.
177 Ebda.
178 Ebda.
179 Ebda. S.261; III,3.
18o Versuchung und Léon-Idylle waren das erste, Kapitulation vor dem
     Händler und Ehebruch mit Rodolphe das zweite Stadium.
181 'Madame Bovary. Nouvelle version', a.a.O. S.4.
182 'Madame Bovary', a.a.O. S.265; III,4. - Auch Hilarion brachte
     Antonius alles "sans murmure" ('La Tentation de saint Antoine.
     Version définitive', a.a.O. S.524).
183 'Madame Bovary', a.a.O. S.268 f.; III,5.
184 Brief vom 24.5.1855; zit. nach 'Correspondance', Bd.4, a.a.O.
     S.72. - In der 'Tentation' wird Babylon dithyrambisch gefeiert
     (Szene des Apollonius).
185 'Madame Bovary', a.a.O. S.272; III,5.
186 Ebda. S.273; III,5.
187 Ebda. S.272; III,5.
188 'Madame Bovary. Nouvelle version', a.a.O. S.531.
189 'Madame Bovary', a.a.O. S.273; III,5.
19o Murray Sachs, 'The Role of the Blind Beggar in "Madame Bovary"',
     in: Symposium 22 (1968) S.74 f.
191 'Madame Bovary', a.a.O. S.277; III,5.
192 Ebda. S.278; III,5. - "Il sait tout" denkt Antonius von Hilarion
     ('La Tentation de saint Antoine. Version définitive', a.a.O. S.533).
193 Hier erinnert Lheureux sowohl an den Teufel Souliés als auch an
     denjenigen von Lesage, die beide durch alle Wände hindurch ins
     Innere eines jeden Haushalts sehen.
194 'Madame Bovary', a.a.O. S.279; III,5.
195 Adalbert von Chamisso, 'Peter Schlemihls wundersame Geschichte',
     München 19o7, S.1o.
196 'Madame Bovary', a.a.O. S.281; III,5. - Ursprünglich war ein
     solches Lachen schon im 2. Teil, unmittelbar vor Emmas erstem
     Kauf bei Lheureux, vorgesehen; vgl. weiter oben S.45.
197 Ebda. S.276; III,5.
198 Ebda. S.282; III,5.
199 Ebda. S.283 f.; III,5.
2oo Ebda. S.288; III,6.
2o1 Réquisitoire, zit. nach 'OEuvres complètes', a.a.O., Bd.2, S.729.
2o2 Plaidoirie, zit. nach 'OEuvres complètes', a.a.O., Bd.2, S.742.
2o3 "The simile leaves something to be desired" (Brombert, a.a.O.
     S.85).
2o4 Vgl. Praz, a.a.O. S.27 ff. u. 197 ff.
2o5 'Novembre', zit.nach 'OEuvres complètes', a.a.O., Bd.1, S.267;
     'Salammmbô', ebda. S.759 f., Kap.11.
2o6 Paul Valéry, 'La tentation de (saint) Flaubert', zit. nach
     'Variété V', Paris 1952, S.2o2.
2o7 'Madame Bovary', a.a.O. S.295; III,6.
2o8 Ebda. S.289 f.; III,6.
2o9 Die "pourriture instantanée des choses", die Flaubert an drei
     parallelen Beispielen veranschaulicht, gemahnt von ferne an
     'Faust I', V.1675 ff., vor allem in der hier nicht ganz korrekten
     Übersetzung Nervals: "Et qu'as-tu à donner, pauvre démon? L'esprit
     d'un homme en ses hautes inspirations fut-il jamais conçu par tes
     pareils? Tu n'as que des aliments qui ne rassasient pas; de l'or
     pâle, qui sans cesse s'écoule des mains comme le vif argent; un
     jeu auquel on ne gagne jamais; une fille qui jusque dans mes bras
     fait les yeux doux à mon voisin (...). Fais-moi voir un fruit qui
     ne pourrisse pas avant de tomber" (Goethe, 'Faust et Le second

Faust', Traduction de Gérard de Nerval, Paris 1964, S.71).

21o 'Novembre', a.a.O. S.268.
211 'Madame Bovary', a.a.O. S.29o; III,6.
212 Ebda. S.3o2; III,7.
213 'Zur Farbsymbolik in "Madame Bovary"', in: Romanistisches Jahr-
    buch 18 (1967) S.95.
214 'Madame Bovary', a.a.O. S.298; III,6.
215 Ebda. S.319 f.; III,8.
216 Ebda. S.295; III,6. - Nach Mario Praz (a.a.O. S.16o) handelt es
    sich dabei um die Werke Sades.
217 'Madame Bovary', a.a.O. S.291; III,6.
218 Ebda. S.293; III,6.
219 Vgl. Lietz, a.a.O. S.9o.
22o Chamisso, a.a.O. S.11.
221 'Madame Bovary', a.a.O. S.296; III,6.
222 Ebda. S.297; III,6.
223 Ebda. S.299; III,6, und 'Faust I', V.1651 ff. (zit. nach Goethe,
    'Werke', Bd.3, hrg. von Erich Trunz, Hamburg [3]1957). In dem Auf-
    satz von Louandre wird der Teufel als Bankier, der Wucher treibt,
    bezeichnet (a.a.O. S.588).
224 'Madame Bovary', a.a.O. S.299; III,6. - Auch im Eingangskapitel
    von Souliés 'Mémoires du Diable' besteht eine der Pointen in der
    erstaunten Frage des Helden an den Teufel: "Le Diable fait de la
    morale!" (a.a.O. S.21). Und zwei Seiten später fragt er: "Te
    voilà encore revenu à faire de la morale?"
225 'Madame Bovary', a.a.O. S.299 f.; III,6.
226 'Madame Bovary. Nouvelle version', a.a.O. S.573.
227 'Madame Bovary', a.a.O. S.3oo; III,6.
228 Ebda. S.3o3 f.; III,7.
229 Ebda. S.312; III,7.
23o Ebda. S.319; III,8.
231 Ebda. S.33o; III,8.
232 Réquisitoire, a.a.O. S.73o.
233 'Madame Bovary', a.a.O. S.331; III,8.
234 Auch der Held Souliés hat, als er sich einmal dem Tode nahefühlt,
    den Wunsch, in einen Spiegel zu sehen. Verzweifelt über seinen
    Anblick, "laissant échapper le miroir, il retomba sur son lit
    dans un état d'affaissement et de désespoir véritables, laissant
    couler de ses yeux de grosses larmes" ('Les mémoires du Diable',
    a.a.O. S.334). Von Emma heißt es: "de grosses larmes lui dé-
    coulèrent des yeux".
235 'Madame Bovary', a.a.O. S.332 f.; III,8. - In 'Loys XI', einem
    historischen Drama aus seiner Schulzeit, läßt Flaubert den Kö-
    nig, der das Leben seines Bruders auf dem Gewissen hat, in nicht
    unähnlicher Weise sterben. Auch Ludwig XI. erleidet einen langen,
    qualvollen Tod. "Irai-je en enfer?", fragt er seinen geistlichen
    Beistand. Gebete werden gemurmelt, und er küßt das Kreuz. Seine
    letzte Lebensäußerung wird folgendermaßen wiedergegeben: "tout à
    coup il se relève par un bond convulsif, embrasse le crucifix et
    s'écrie: 'Mon frère!' Moment de consternation et de stupeur dans
    l'assemblée" (zit. nach 'OEuvres complètes', a.a.O., Bd.1, S.156).
    Darauf folgt nur noch die Feststellung der Umstehenden, daß der
    König tot ist.
236 Vgl. Réquisitoire, a.a.O. S.73o
237 'Voyage en enfer', zit.nach 'OEuvres complètes', a.a.O., Bd.1,
    S.42.
238 'Madame Bovary', a.a.O. S.219; II,14.
239 Jean-Paul Sartre, 'L'idiot de la famille. Gustave Flaubert de
    1821 à 1857', Bd.1, Paris 1971, S.392.
24o Milner, a.a.O., Bd.2, S.224.

241 'Smarh', zit. nach Flaubert, 'OEuvres complètes', a.a.O., Bd.1,
    S.218. - Wann Flaubert Goethe zuerst las, ist noch immer um-
    stritten. Fest steht, daß die Lektüre eines seiner stärksten
    Erlebnisse gewesen ist: in dem Augenblick, da die Kirchenglocken
    von Rouen das Osterfest einläuteten, las er von Fausts Errettung
    durch das österliche Glockengeläut; er fühlte sich "comme éperdu,
    ne sentant plus la terre" (Caroline Commanville, 'Souvenirs
    intimes', in: Flaubert, 'Correspondance', Bd.1, Paris 1926,
    S.XXXIX; vgl. auch das Tagebuch der Goncourt unterm 29.11.186o,
    Ausgabe von R. Ricatte). Um welches Osterfest aber handelt es
    sich? Degoumois nimmt an (a.a.O. S.2o f.), daß es Ostern 1836
    war, und das klingt einleuchtend; denn in 'La peste à Florence'
    vom Herbst desselben Jahres scheint sich Flaubert bei der Cha-
    rakterisierung einer Arztgestalt an Fausts erstem Monolog zu er-
    innern. Bruneau ist der Ansicht, erst in 'Smarh' seien echte
    Parallelen zu erkennen,und plädiert deshalb für Ostern 1838. Er
    räumt ein, daß schon in 'Rêve d'enfer' vom Februar 1837 erstaun-
    liche Parallelen zum 'Faust' enthalten seien, fügt dann aber hin-
    zu: "mais ressemblance n'est pas preuve"; man dürfe den Einfluß
    Goethes erst dort sehen, wo Flaubert sich ausdrücklich auf ihn
    berufe (a.a.O. S.21).
242 'Ahasvérus', zit. nach Edgar Quinet, 'OEuvres complètes', 5. Aufl.,
    Bd.7, Paris o.J., S.44o. - Quinet seinerseits konnte Deutsch und
    war stark von Goethe geprägt. Dadurch ist die Frage schwer zu
    lösen, wann der direkte Einfluß Goethes auf Flaubert einsetzt.
    Durchaus zutreffend ist das Urteil von Maxime du Camp: "Deux
    écrivains ont frappé Gustave Flaubert d'une empreinte qui reste
    visible jusque dans ses derniers romans: c'est Chateaubriand et
    c'est Edgar Quinet. Et encore de l'oeuvre de ces deux grands
    hommes il n'avait retenu que 'René' et 'Aashvérus (sic); il les
    savait par coeur, les récitait, en était imprégné jusqu'à les
    reproduire sans même le soupçonner" ('Souvenirs littéraires',
    a.a.O. S.27).
243 Der Blick für die Motivzusammenhänge wird durch die allzu gat-
    tungsgeschichtliche Betrachtungsweise oft verstellt, gerade bei
    dem in vieler Hinsicht so verdienstvollen Werk Bruneaus. Bei
    einem unbeholfenen Jugendwerk zu fragen, ob es in diese oder in
    jene Kategorie gehört, scheint nicht immer sinnvoll, besonders
    wenn solche Einordnungen die Querverbindungen verdecken.
244 'Smarh', a.a.O. S.187.
245 Man erinnert sich dabei an den Prolog im Himmel von Goethes 'Faust'
    das Urmodell solcher Szenen aber ist in der Einleitung des Buches
    Hiob zu finden.
246 In den Unterhaltungen zwischen Satan und Smarh macht sich der
    Einfluß von Byrons 'Cain' am meisten bemerkbar. Schon zwei Jahre
    vor 'Smarh' hatte Flaubert den englischen Poeten in einem
    'Portrait de Lord Byron' als Romantiker par excellence, als
    "fils du siècle" gefeiert ('OEuvres complètes', a.a.O., Bd.1,
    S.49).
247 'Smarh', a.a.O. S.191.
248 Ebda. S.198 f.
249 Milner, a.a.O., Bd.2, S.222
25o Im übrigen ist das Erscheinen des Wucherers bei Emma im 5. Kapitel
    des 2. Teils nicht ohne Ähnlichkeiten mit Smarhs zweiter und ent-
    scheidender Satansbegegnung. Wie Smarh hielt auch Emma ursprüng-
    lich in der Nacht vor Lheureux' Besuch ein langes Selbstgespräch;
    nach der doppelten Versuchung heißt es von ihr, sie habe ein
    "coeur bouleversé", und von ihrem Verhalten wird gesagt: "tout
    changea". Auch Smarh sagt in demselben Monolog, in dem er sich
    das unbekannte Wesen "qui m'a bouleversé l'âme" herbeiwünscht:

"Je sens que je vais changer".

251 Vielleicht ist der eigentümliche Name inspiriert von Shakespeares Puck aus dem Sommernachtstraum, möglicherweise kontaminiert mit Pluck, dem höllischen Zeremonienmeister einer 'Ahasvérus'-Parodie (vgl. Bruneau, a.a.O. S.211). Ebenso unsicher ist, warum Flaubert seinen Eremiten Smarh nennt. Der alte Mönchsname Smaragdus könnte dahinterstehen, und auf diesen könnte Flaubert durch die Heldin von Victor Hugos 'Notre-Dame de Paris', Esmeralda, verfallen sein. Auf Hugos Tänzerin wird auch Emmas Name zuweilen zurückgeführt.

252 'Smarh', a.a.O. S.196.

253 Ebda. S.2o2.

254 Ebda. - Auch "Le Pauvre" in einer der nächsten Episoden folgt der Stimme des Bösen und läßt sich zu einem Mordversuch (an Yuk) hinreißen.

255 Ebda. S.2o6.

256 'Madame Bovary', a.a.O. S.73; II,1.

257 Das geschieht in seinem Vorbild 'Ahasvérus' nicht (vgl. dagegen Bruneau, a.a.O. S.2o9, Anm. 75).

258 Vgl. 'Smarh', a.a.O. S.2o4: "Lune de miel (voyez la 'Physiologie du mariage', du sire de Balzac, pour les phases successives de la vie matrimoniale)". Merkwürdig, daß Claudine Gothot-Mersch, die diese Zeilen zitiert und die Parallelen zwischen der Balzac-schen Schrift und Emma Bovarys Entwicklung so einleuchtend her-ausarbeitet (vgl. weiter oben S.43), überhaupt nicht bei 'Smarh' und der "Petite comédie bourgeoise" verweilt, die doch mit dem späteren Roman kaum weniger verwandt ist als die vielbesprochene Erzählung 'Passion et vertu'.

259 Vgl. 'Smarh', a.a.O. S.2o4.

26o Ebda. S.2o4.

261 Ebda.

262 Ebda. S.2o5.

263 Ebda. S.188

264 Ebda. - Auch Lheureux ist so dreist, Emma gegenüber herablassend von Charles zu sprechen: "C'est un brave garçon" ('Madame Bovary', a.a.O. S.259; III,2).

265 'Smarh', a.a.O. S.189.

266 Ebda.

267 "Oh! si le ciel l'avait voulu!" (S.1o5; II,5). "Elle se demandait s'il n'y aurait pas eu moyen (...) de recontrer un autre homme (...). Il aurait pu être beau, spirituel, distingué, attirant" (S.46; I,7). "Quel pauvre homme!" (S.63; I,9). "Est-ce que cette misère durerait toujours?" (S.69; I,9).

268 'Smarh', a.a.O. S.189.

269 Vgl. weiter oben Anm. 258.

27o 'Smarh', a.a.O. S.2o9.

271 Ebda. S.212.

272 Ebda. S.218; mit diesem Ausdruck endet das Spiel.

273 Ebda. S.188.

274 'Voyage en enfer', a.a.O. S.42.

275 Ebda.

276 Stilistisches Vorbild waren die 'Paroles d'un croyant' von Lamennais. Was die Schlußpointe angeht, so wird schon in der Bibel, etwa im Johannes-Evangelium, Satan als Fürst dieser Welt bezeichnet.

277 'Rêve d'enfer', zit. nach Flaubert, 'OEuvres complètes', a.a.O., Bd.1, S.94.

278 Ebda. S.95.

279 Ebda. S.96.

28o 'Agonies', a.a.O. S.161.

281 Das soll nicht heißen, daß diese Thematik Goethes 'Faust' zugrunde

liegt. Es ist jedoch zu berücksichtigen, daß Flaubert, noch als er 'Smarh' schrieb, nur 'Faust I' kannte (der zweite Teil erschien erst 184o auf französisch), und 'Faust I', konnte durchaus von jemandem, der bereits "le monde, c'est l'enfer" zu seiner Devise gemacht hatte, in dem oben angedeuteten Sinn aufgefaßt werden. Es scheint in der Tat, daß die 'Faust'-Lektüre nach 'Voyage en enfer' und vor 'Rêve d'enfer' stattfand, wie das auch von Degoumois dargestellt wird.

282   'Smarh', a.a.O. S.212.
283   Ebda. S.199.
284   Ebda. S.2o2.
285   Erst um das Jahr 184o setzt man eine religiöse Krise an, aber gerade hier sind die Zeugnisse sehr spärlich (vgl. Bruneau, a.a.O. S.281 f.).
286   E.L. Gans, 'The Discovery of Illusion. Flaubert's Early Works', University of California Press 1971, S.15. - Sehr viel weniger einleuchtend ist Sartres These, daß die Figur des Vaters in Satan zu erkennen ist ('L'idiot de la famille', Bd.1, a.a.O. S.484).
287   Milner, a.a.O., Bd.2, S.234.
288   'Rêve d'enfer', a.a.O. S.93. - Zum Erscheinen Satans in Gestalt einer Hündin vgl. Nodiers Erzählung 'La petite chienne blanche' von 1822; zu den "mamelles" im besonderen Milner, a.a.O., Bd.2, S.229.
289   'Rêve d'enfer', a.a.O. S.93.
29o   Ebda.
291   'L'Éducation sentimentale. Version de 1845', zit. nach Flaubert, 'OEuvres complètes', a.a.O., Bd.1, S.35o.
292   Ebda. S.351.
293   Ebda. S.352.
294   Ebda. S.353.
295   Ebda.
296   Ebda. S.354.
297   Folgende Wendungen scheinen die Szene deutlich zu evozieren: "ils se confrontaient tous deux (...);l'homme tremblait sous le regard de la bête, où il croyait voir une âme, et la bête tremblait au regard de l'homme, où elle voyait peut-être un dieu" (ebda. S.353).
298   'Madame Bovary', a.a.O. S.46; I,7.
299   Ebda. S.46 f.
3oo   So war der Boden also schon bereitet für jene allererste Lheureux-Szene zu Beginn des zweiten Teils, in der Flaubert das Verschwinden von Emmas Hündchen mit dem Auftreten des Bösen koppelt (möglicherweise angeregt durch die erneute Lektüre des 'Faust'). Das angstvolle Heimeilen Emmas mit Djali ist in ein grünes Licht getaucht - genau wie Lheureux' Versuchungsszene.
3o1   A.a.O. S.1oo.
3o2   Zur Frage, ob es sich um eine Halluzination handelt oder nicht, vergleiche die kürzlich erschienene Untersuchung von Günther Mahal, 'Mephistos Metamorphosen', Göppinger Arbeiten zur Germanistik, Nr.71, 1972, S.456 ff. (Diss. Tübingen). Obgleich Leverkühns wirklicher oder imaginärer Besucher sich offen als Teufel darstellt und hier also keine diskreten Vertuschungsmanöver angewendet werden, ist seine differenzierte Charakteristik und Redeweise doch für die Betrachtung subtilerer, zumal moderner Teufelsschilderungen sehr aufschlußreich; dabei muß man sich allerdings vergegenwärtigen, daß Thomas Mann sich bis in die kühnsten und apartesten Einzelheiten hinein an einer sehr ähnlich gearteten Szene in Dostojewskis 'Brüder Karamasoff' inspiriert hat.
3o3   'Doktor Faustus', a.a.O. S.133; Kap.13.
3o4   'Der Tod in Venedig', zit. nach 'Erzählungen', S.Fischer Verlag

1959, S.445 f., 465 u. 5o7 ff. - Zur Erscheinung des Teufels in der Novelle vergleiche die kaum zu widerlegende Deutung von Hellmuth Petriconi in 'Das Reich des Untergangs', Hamburg 1958, S.86 ff., und Walter Pabst, 'Satan und die alten Götter in Venedig', in: Euphorion 49 (1955) S.335 ff.

3o5 Sicher hat der Erscheinungsort des ersten Fremden, der Friedhof, und seine Haltung (die Füße gekreuzt und die Hüfte auf die Krücke seines Stocks gestützt) im Zusammenhang mit dem Titel der Novelle einige Verwirrung gestiftet. Walter Jens fühlte sich an Lessings 'Wie die Alten den Tod gebildet' erinnert - nämlich mit gekreuzten Füßen und auf eine umgestürzte Fackel gelehnt -, vollkommen zu recht, denn die unheilvolle Erscheinung schickt ja Aschenbach in den Tod. Aber deswegen i s t sie noch keineswegs der Tod: der rothaarige Typ, die in senkrechte Stirnfurchen abgewandelten Teufelshörner und insbesondere das Hohngelächter am Ende widerlegen diese Interpretation eindeutig. Satan nennt sich schließlich auch Fürst des Todes. Jens sieht in dem Fremden nicht nur den Tod, sondern, des Hutes wegen, auch Hermes; der widerwärtige Fremde ist hier identisch mit dem göttlichen Knaben Tadzio('Der Gott der Diebe und sein Dichter', in: Antike und Abendland 5 (1956) S.139f.). Diese Interpretation ist freilich nur möglich, weil die letzte Erscheinung des Teufels, bei der er sich durch Gestank und Hohngelächter überdeutlich verrät, mit Schweigen übergangen wird. Zur reizvollen Mischung von Mittelalterlich-Christlichem und Heidnisch-Antikem im 'Tod in Venedig' sowie zu den Hintergründen der teuflischen Heimsuchung vgl. Petriconi, a.a.O. S.92 ff.

3o6 'Buddenbrooks', S.Fischer Verlag 1951 (Jubiläumsausgabe zum 5o. Jahr des Erscheinens), S.2o9; IV,6. - Auch die Teufelsgestalt im 'Doktor Faustus' trägt zunächst eine "widrig knapp sitzende Hose", und "beweglichen Mundes" grinst der Straßensänger im 'Tod in Venedig'. "Drollig" muß im Zusammenhang mit Kesselmeyers unaufhörlichem Gelächter verstanden werden, das zunächst noch halbwegs amusant wirkt (besonders auf die ahnungslose Toni), dann aber immer unverschämter, ausschweifender, widerlicher ausartet - zum teuflischen Hohngelächter wird.

3o7 Vgl. Petriconi, a.a.O., und Padberg, a.a.O.

3o8 'Buddenbrooks', a.a.O. S.231; IV,8.

3o9 Ebda. S.231 f. - Auch Lheureux spricht von der einstigen Munterkeit des Père Tellier ("Il a fait tant de bamboches").

31o Am Schluß der Versuchungsszene, bevor er als "serviteur très humble" leise verschwindet, hält sich Lheureux noch über das schlechte, ungesunde Wetter auf, wobei er mit krauser Miene die Fensterscheiben mustert. Kesselmeyer seinerseits klagt (nachdem er Buddenbrook mit "Ihr Diener" begrüßt hat) gleich zu Beginn der Unterredung über das schlechte Wetter, und zwar mit befremdlichem Elan: "Ja, eine schlechte Jahreszeit, eine häßliche, schmutzige Jahreszeit! Gäbe es ein bißchen Frost, ein bißchen Schnee...! Aber nichts da! Regen! Kot! Höchst, höchst widerwärtig..." (S.229; IV,8). Verständlich, wenn Konsul Buddenbrook nur bei sich denkt: "Was für ein sonderbarer Mensch".